MONT-REVÊCHE

PAR

GEORGE SAND.

4

PARIS
ALEXANDRE CADOT, ÉDITEUR,
37, RUE SERPENTE.
—
1853

MONT-REVÊCHE.

Ouvrages de Xavier de Montépin.

Les Oiseaux de Nuit.	5 vol.
Le Vicomte Raphaël.	5 vol.
Mignonne	3 vol.
Brelan de Dames.	4 vol.
Le Loup noir.	2 vol.
Confessions d'un Bohême	5 vol.
Les Amours d'un Fou	4 vol.
Pivoine	2 vol.
Les Viveurs d'autrefois	4 vol.
Les Chevaliers du Lansquenet	10 vol.

Sous presse.

Mademoiselle Kérovan.

Ouvrages de G. de La Landelle.

Falkar le Rouge	5 vol.
Le Morne aux Serpents.	2 vol.
Les Iles de Glace.	4 vol.
Une Haine à Bord	2 vol.
Les Princes d'Ébène	5 vol.

Ouvrages d'Alexandre Dumas fils.

Tristan le Roux.	3 vol.
La Dame aux camélias.	1 vol.
Aventures de quatre femmes	6 vol.
Le docteur Servans	2 vol.
Le Roman d'une femme	4 vol.
Césarine	1 vol.

Sous presse.

Les Amours véritables.

Impr. de E. Dépée, à Sceaux (Seine).

MONT-REVÊCHE

PAR

GEORGE SAND.

4

PARIS
ALEXANDRE CADOT, ÉDITEUR,
37, RUE SERPENTE.

1853

I

La journée fut triste à Puy-Verdon. Eveline, à qui son père avait annoncé Thierray au déjeuner (s'étonnant lui-même de ne pas le voir rendu avant lui), l'attendit vainement d'heure en heure, et passa de l'inquiétude au dépit, du dépit à l'effroi et au chagrin. Olympe, ravie de voir son mari plus tôt qu'elle ne l'espérait, sentit tout aussitôt un coup mortel la frapper au cœur quand elle lut sur son visage un abattement inconcevable et qu'elle trouva dans ses manières quelque chose de contraint qu'elle ne connaissait pas. L'attitude de Nathalie était effrayante de raideur et d'amertume. « Elle me le tuera, se disait Olympe. Hélas! ne peut-elle se contenter d'une victime? » — La pauvre femme voyait bien que la blessure faite à Dutertre partait de là, mais elle était si loin de penser qu'elle eût à se défendre ou à se justifier auprès de lui, qu'elle se gardait de l'interroger, s'étant fait une loi, non-seulement de ne jamais se plaindre à lui de Nathalie, mais de ne jamais l'aider à s'en plaindre devant elle. Dans cette union qui semblait si belle, si bien assortie, et que l'amour avait formée de ses propres mains, il y avait fatalement un côté sacrifié : ces deux époux ne pouvaient ouvrir entièrement leur cœur l'un à l'autre. Ils souffraient d'un mal commun qu'ils ne pouvaient jamais alléger par un mutuel épanchement, et une des plus vives sources de la félicité humaine, la fusion des chagrins dans l'intimité, leur était interdite par les délicatesses de l'affection même.

Le départ d'Amédée étonna médiocrement. Dans une vie aussi pleine et aussi chargée d'intérêts généraux et particuliers que l'était celle de Dutertre, il paraissait tout simple qu'une nouvelle imprévue le fît disposer pour quelques jours de l'intelligence et de l'activité de son neveu. Dutertre ne donna pas d'importance à ce départ, et se contenta de dire que l'affaire pourrait bien retenir Amédée absent une quinzaine.

Nathalie observa tout haut à son père qu'elle augurait une plus longue absence. Elle seule avait compris la cause de cet incident. Dutertre lui répondit d'un ton bref qu'elle ne savait rien de ses affaires. Elle subit cette mortification avec une sorte de joie. Elle avait étonné et inquiété Olympe, qui voyait poindre des malheurs inconnus dans chacune de ses paroles mystérieuses.

Caroline gronda son père de n'avoir pas envoyé son secrétaire ou quelqu'autre de ses employés à la place d'Amédée. « Qu'est-ce que nous allons faire sans notre *bonne d'enfants?* dit-elle, répétant par affection le titre que sa sœur Eveline avait donné par moquerie à Amédée. Qu'est-ce qui m'attrapera des papillons? Et l'anglais, que je commençais à parler, je vais l'oublier, moi! Et qu'est-ce qui nous fera la lecture pendant que nous travaillons, maman et moi ? »

— Le fait est, dit Eveline, qu'il va nous manquer, notre pauvre Amédée ! Il faudra donc que je monte à cheval toute seule dans le parc, puisque mon père me trouve *trop grande* pour être accompagnée dehors par un domestique ? Oh ! si je reste enfermée, moi, je vais faire une maladie.

Dutertre sentait lui-même combien, dans une famille, l'absence d'un des membres les plus dévoués et les plus aimables laisse un vide sinistre. A chaque instant il se surprenait sur le point d'adresser la parole à son neveu, et quand on venait lui parler de ses travaux des champs, il disait, ne se rappelant pas les détails nombreux dont il l'avait chargé : « Nous demanderons cela à M. Amédée. » Et tout aussitôt il avait le cœur serré en se disant qu'Amédée ne reviendrait peut-être jamais à Puy-Verdon.

Au bout de deux ou trois jours, Dutertre, surpris de ne pas voir revenir Thierray, et remarquant les yeux souvent rouges de larmes de la pauvre Eveline, le crut malade et alla lui rendre visite. Thierray n'avait pas quitté le pays; mais, ce jour-là il était allé faire une longue course dans la campagne. Dutertre lui laissa sa carte, et quelques jours se passèrent encore ainsi, sans que Thierray fît mine de reparaître.

Thierray s'était promis de retourner à Paris. Mais sa situation lui paraissait si étrange, qu'il crut devoir rester au moins une semaine en expectative. « Si Dutertre pense que j'ai compromis sa fille, se disait-il, il viendra m'en demander réparation ; s'il pense que c'est elle qui s'est compromise pour moi, il jugera peut-être devoir accepter celle que je lui ai offerte. Mon devoir est donc de laisser venir, et de me tenir sous la main de ce père irrité ou fantasque. »

Et il continua le roman qu'il écrivait pour le public, jugeant que celui de sa vie réelle tournait à un pauvre dénoûment.

Thierray était mortellement triste, en dépit de sa résignation. « On dit, écrivait-il à Flavien, que le témoignage d'une bonne conscience tient lieu de tout. Je t'assure que ma conscience est pure de tout crime, et même de toute faute, et pourtant ton manoir m'est devenu une prison, ton revenant un cauchemar, et ton perroquet une figure de croque-mort. J'avais rêvé ici pourtant, pendant vingt-quatre heures, une vie de prince à ma taille de poëte; si j'avais épousé le million d'Eveline, mon ambition se fût bornée à avoir six mille livres de rente et à te louer Mont-Revêche à perpétuité, afin d'y travailler en paix avec une Eveline convertie, une capricieuse corrigée à mes côtés... et qui sait? un ou deux marmots jouant à nos pieds sur le tapis brodé par la chanoinesse! Oui, j'avais rêvé l'amour jusqu'à chérir en imagination les petits Thierray, noirs et malins, que je croyais déjà voir grouiller autour de moi. — Eh bien! me voilà seul, seul pour toujours probablement, car tout ce qui m'est arrivé me dégoûte de l'hyménée singulièrement, et si madame Hélyette ne vient en personne me consoler, je crois que je mourrai sage, à l'abri de toute perfidie, mais triste et sot comme un vieux garçon. »

Thierray avait raconté à Flavien tout le petit drame de ses amours avec Eveline. La seule chose dont il ne se fût pas avisé, c'était de vouloir relire cette première lettre de son ami qui avait, à son insu, causé tout le mal. Il eût trouvé sous sa main une preuve matérielle de sa distraction qui lui eût expliqué l'étrange conduite de Dutertre à son égard.

Eveline, mortifiée et presque désespérée, avait écrit deux billets à Thierray, et, pour plus de sûreté, les avait confiés à Crésus sous le couvert de Forget. La première fois, Forget avait refusé net de rien recevoir, et la seconde, sur les instances du groom, qu'il ne pouvait blâmer d'obéir aux ordres de sa maîtresse, il les avait brûlés devant lui, en le prenant à témoin de sa vertueuse horreur pour l'entremettage même le plus innocent.

Eveline ne savait plus à quel saint se vouer. Elle avait une fierté excessive à certains égards; à certains autres, elle en était totalement dépourvue. Elle avait le cœur sincère et l'esprit faux. Elle n'eût pas souffert d'un homme du monde la moindre infraction au respect qui lui était dû ; elle s'exposait sans honte à des leçons de la part d'un domestique. Pour elle, qui se croyait née sinon reine, comme Nathalie, du moins héroïne et princesse, la hardiesse d'un homme de cette classe l'amusait sans l'offenser. C'était Condé ou Turenne accueillant d'un sourire la familiarité du soldat, disant : *Le drôle a raison*, et ne changeant rien pour cela à sa raison d'Etat ou à sa tactique de guerre.

Si bien qu'un soir que Dutertre s'était absenté (ayant été tout de bon forcé d'aller passer vingt-quatre heures à sa ferme des Rivets pour une importante

expertise), il passa par la tête d'Eveline
de faire une seconde campagne à Mont-
Revêche. Le succès de la première l'en-
hardissait. Il y a, dans l'impunité d'une
faute comme d'une sottise, un attrait
fatal pour en commettre d'autres.
« Tierray est fantasque, se disait-elle. Il
est susceptible, ombrageux, un peu
despote. La dernière fois que nous nous
sommes vus, il est parti triste. Ou ma
fortune épouvante sa fierté bien réellement, ou, en voulant l'amener à to-
lérer mes défauts, j'ai véritablement
effrayé sa rigidité. Il se débat contre
moi, et cependant il ne feint pas; il n'est
pas malade, il ne cherche point, cette

fois, de prétexte, mais il reste, il attend, il veut me faire sentir que je dois plier et me soumettre aux exigences de son caractère. Il n'en sera pas ainsi. Je veux qu'il m'aime comme je suis, et que mes sottises mêmes, faites au profit de son amour-propre, lui tournent la tête et me le livrent pieds et poings liés. Il me recevra mal, il me dira encore des injures: tant mieux! il en sera d'autant plus repentant et plus faible quand il me verra pleurer. Oui, oui, je sais bien que cela me fera grand mal et que je pleurerai pour tout de bon; mais il m'en demandera pardon à genoux, et quand le jour paraîtra, il me dira encore comme Roméo :

— Non, ce n'est pas le chant de l'allouette ! »

Il s'agissait d'exécuter ce téméraire projet, rendu plus difficile par la résistance formidable de Forget, et par l'hésitation de Crésus, qui commençait à craindre les conséquences de son rôle de page.

« Je me passerai d'eux, j'irai seule, se dit Eveline. J'aurai un déguisement meilleur que celui de madame Hélyette : j'irai à pied, je resterai moins longtemps, je rentrerai avant le jour. Ainsi je n'aurai point de confidents qui puissent épouvanter ce scrupuleux et ce pusillanime Thierray. »

Mais comment pénétrer dans l'impénétrable castel de Mont-Revêche ? Par la porte, il n'y fallait plus songer. « Eh bien ! se dit cavalièrement Eveline, à défaut de la porte, on entre par la fenêtre. » Pour être téméraire au point où l'était cette jeune fille, il ne suffit pas d'être extravagante et volontaire, il faut encore être innocente jusqu'à l'ignorance des véritables dangers qui menacent une femme. Eveline savait vaguement qu'on peut perdre son honneur par trop de confiance. Pour n'avoir pas l'air d'une petite fille trop sotte, elle faisait même parfois semblant de savoir comment, bien qu'elle n'en sût rien du tout. Mais ce dont elle ne se doutait pas le moins du monde, c'est qu'elle pût être en danger, même avec un très honnête homme. N'ayant ressenti aucun entraînement des sens, elle ignorait la violence de ces entraînements chez les autres. Elle ne pensait pas qu'un baiser pût lui donner le vertige, et d'ailleurs, défendue, au milieu de ses hardiesses inouïes, par l'instinct d'une pudeur farouche, elle n'admettait pas la pensée de pouvoir s'oublier jusqu'à accorder un baiser à l'homme à qui elle allait offrir sa main et son cœur.

« Il ne s'agit donc plus, pensa-t-elle, que d'entrer par la fenêtre ! » Le jour qui précéda la nuit de cette nouvelle expédition, elle profita de l'absence de Dutertre pour monter à cheval avec Crésus. Olympe la vit partir et essaya de lui remontrer que ce serait un chagrin pour son père qui, depuis sa dernière promenade avec le page, lui avait affectueusement, mais sérieusement interdit de recommencer. Elle s'y prit avec toutes les formes de la douceur et de la tendresse insinuante. Eveline n'était pas disposée à céder ce jour-là, il y allait pour elle de son projet mystérieux. Elle résista : — Mon père ne le saura pas, répondit-elle en s'élançant sur sa belle jument anglaise, qui piaffait déjà d'impatience d'emporter son léger fardeau à travers champs.

— Pardonnez-moi, chère enfant; il le saura, répondit Olympe.

— Certainement! dit Nathalie, qui, d'une fenêtre donnant sur la cour, assistait à cette scène comme par hasard ; c'est la première chose que lui dira madame.

Crésus et un autre domestique étaient là, car il y a toujours dans les luttes de famille quelques-uns de ces muets témoins qui en exagèrent ou n'en comprennent pas la gravité. Olympe avait été tentée de leur défendre d'accompagner Eveline, dont l'honneur lui était confié et dont la réputation devait, selon elle, lui faire braver la colère même de cette folle enfant, mais la parole glacée de Nathalie tomba sur son cœur et l'énerva. Elle pâlit, et, tendant la main à Eveline :

— Allez donc, ma chère enfant, lui dit-elle, si vous ratifiez l'insulte que l'on vient de me faire !

En voyant une larme brûlante dans les yeux d'Olympe, Eveline eut un remords : elle sauta légèrement de son cheval et allant à elle, elle l'embrassa.

— Non, chère mère, lui dit-elle, je sais

bien que vous ne le direz pas, vous! Et levant la tête vers la fenêtre où Nathalie s'était placée en observation : — Si quelqu'un le dit, ajouta-t-elle, ce sera Nathalie. Allons! rentrez, chère petite maman, et ne songez plus à cela, j'y renonce.

Olympe rentra pour cacher ses pleurs. Et vite Crésus! en route, dit Eveline en regrimpant sur son cheval, et vous, silence! cria-t-elle à l'autre domestique. Puis elle partit comme un trait. Elle eût franchi un précipice, s'il s'en fût ouvert un sous ses pas.

Elle prit pour but un endroit quelconque, fit deux lieues de galop, et revint par un autre chemin qu'elle connaissait à merveille et qui passait au bas de la colline de Mont-Revêche, du côté opposé à la porte du château et à la ferme qui se trouvait située au-dessous. Quand elle fut là. — Tiens? dit-elle en se retournant vers Crésus : j'ai pris le plus long, voici Mont-Revêche ! Pourquoi donc ne m'as-tu pas dit que je me trompais?

— Je ne savais pas que vous vous trompiez, répondit Crésus qui n'en pensait pas un mot.

Eveline mit son cheval au pas comme

pour le laisser souffler, échangea quelques paroles oiseuses avec Crésus, et jeta sur les dehors du petit castel le coup d'œil d'un général expérimenté qui tâte les endroits faibles de la place. Elle avisa un éboulement qui, de loin, lui parut facile à escalader, et qui, selon ses conjectures, devait donner accès dans une petite chapelle que Thierray faisait précisément réparer. Elle distingua une échelle qu'elle jugea courte, car elle n'en put compter les barreaux.
— Thierray m'aurait-il fait cette galanterie pour me faciliter les moyens de pénétrer au cœur de la forteresse? se dit-elle, souriant de la facilité de son en-

treprise : et, sans faire plus d'attention ni de calcul, elle reprit le galop et disparut.

Thierray, en ce moment-là, était dans la chapelle; il voyait passer Eveline, dont, malgré l'éloignement, il reconnaissait le costume et l'allure élégante. Il eut le courage de ne pas se montrer à la fenêtre, et crut le danger passé, quand elle eut disparu dans le boisé avec son plan écrit dans le cerveau.

A minuit, Eveline, qui s'était procuré un costume de paysan, sous prétexte d'habiller de neuf le petit neveu de

Grondette (un gars d'une quinzaine d'années, à peu près de sa taille), endossa le sarreau de toile bise, chaussa les longues guêtres de laine et les gros souliers, couvrit ses épaules d'une peau de mouton bien chaude, à la manière des bergers du pays, cacha ses beaux cheveux sous un chapeau à grands bords, s'arma héroïquement de petits pistolets sous sa blouse, prit un bâton de houx dans sa main délicate couverte de gros gants verts tricotés, et gravit les rochers de la cascade avec autant de nerf et d'haleine que si elle eût fait toute sa vie le métier de chevrière. De ce côté, le parc n'était fermé que par une barrière rustique, facile à enjamber. Eveline, souple et mince comme un serpent, passa à travers les barreaux, et se trouva, en pleine nuit, en pleine campagne.

La grande connaissance qu'elle avait des moindres accidents du terrain, des moindres détails du paysage, lui permit de se diriger presque à vol d'oiseau sur Mont-Revêche, à travers les taillis, les prairies et les ravins, sans suivre aucune route tracée. Elle avait donc beaucoup de chances pour ne rencontrer personne, et elle les eut toutes, car elle traversa effectivement un désert. Elle fit le double du chemin voulu, pour éviter les petits torrents des montagnes et les ascensions trop pénibles ; néanmoins elle eut encore plus d'une fatigue à surmonter, plus d'un obstacle à franchir: rien ne la rebuta. Exaltée par son propre courage, alerte et solide dans les habits légers et les fortes chaussures du paysan, elle marcha à la conquête de son fiancé avec un héroïsme digne d'une amazone de l'Arioste. Déterminée à faire tête aux loups, s'ils osaient l'aborder, elle se demanda pourquoi elle aurait moins de bravoure et de bonheur, pour satisfaire son rêve romanesque, que n'en avaient chaque nuit les femmes et les enfants de la campagne, pour aller voler un fagot ou une brassée d'herbes dans la propriété du voisin. Souriante, animée, adroite, ardente, elle eût semblé belle à Thierray, en dépit de lui-même, s'il l'eût vue ainsi fendre les genêts comme un chevreuil, ou raser comme un lièvre les joncs épineux des clairières.

II

En ce moment, Thierray disait à Flavien, qui était tombé à l'improviste à Mont-Revêche sur les dix heures du soir :

— En vérité, mon ami, je ne sais comment te remercier de ta sollicitude. Quoi? t'arracher à tes plaisirs, refaire ce long voyage, revenir dans ce pays de loups, pour me tirer d'embarras et me faire faire ce mariage? J'en suis si confus que tu devrais bien, pour me rassurer, me laisser croire...

— Que je suis mal guéri de ma passion pour madame Olympe? Crois-le, si bon te semble, cela ne fait pas grand tort à cette honnête femme. Pour moi, je suis convaincu, à présent, et pour cause, que j'étais un sot et qu'elle n'a même pas compris un mot à cette belle passion. Cependant, ne me rappelle pas trop les absurdités que je t'ai écrites, j'en suis honteux, et te prie de les jeter au feu.

— Quand tu voudras ! dit Thierray en mettant la main sur le fatal tiroir.

— Bien, bien, tu les brûleras ! dit Flavien dont la conversation empêcha Thierray d'ouvrir le tiroir, en donnant un autre cours à ses idées. Je te parle sérieusement, il ne faut pas manquer sottement ce mariage.

— Mais, au contraire, il faut le manquer, reprit Thierray, puisque j'y vois des soucis et des dangers qui ne seront jamais compensés par les vanités de la fortune.

— Eh bien ! manque-le ; mais pas sottement, te dis-je !

— A la bonne heure, je t'écoute !

— Tu ne peux rester dans cette fausse situation vis-à-vis de Dutertre. Dutertre, homme de cœur et galant homme s'il en fut, ne doit pas attendre que tu lui demandes la main de sa fille, soit qu'il sache le coup de tête qu'elle a fait pour toi, soit qu'il se doute seulement de son inclination et de la tienne. Tu dois, en tout état de cause, faire la demande en règle, car tu risques d'être vilipendé pour ne l'avoir pas faite. De toutes façons, un refus en règle te justifie. Si on t'accepte, ma foi! c'est un joli pis-aller que d'épouser un million et une femme qui fait des folies pour vous! ce n'est pas si fréquent dans ce froid et triste monde où nous vivons, et je t'avoue que je suis désolé de n'avoir pas de penchant pour cette jolie personne, car je serais très flatté d'être aimé ainsi.

—Et c'est parce que j'en suis flatté que je me méfie d'un amour qui prendrait sa source dans la vanité satisfaite, répondit Thierray. J'ai une peur affreuse de la richesse et de la gloriole; c'est avec cela qu'on vit misérable de cœur et qu'on meurt misérable d'esprit.

Les deux amis prolongèrent leur veillée sur ce thème, débattu obstinément de part et d'autre. Flavien ne faisait aucun cas de l'argent pour lui-même parce qu'il en avait à discrétion ; mais il ne concevait point qu'on pût s'en passer quand on avait, comme Thierray, les goûts du monde, et il croyait lui rendre un service d'ami en lui aplanissant les obstacles vers la fortune. Il lui offrait et il se proposait sérieusement d'entrer en pourparlers avec Dutertre, dont il était loin de prévoir l'éloignement subit pour lui, et qu'il aimait d'autant plus qu'il lui avait immolé son amour pour Olympe. Il ne voulait pas croire à la conversation que lui rapportait Thierray.

— Non, disait-il, vous vous êtes mal expliqués et mal compris mutuellement. Tu t'y seras mal pris tout le premier. Tu l'auras blessé par quelque mépris d'artiste pour sa fortune. Il aura cru voir que tu te sacrifiais, et sa fierté s'en est émue.

— Et, dans ce cas, il eût dû me proposer un duel, répondit Thierray. Je sais qu'il est brave, et tout père de famille qu'il est, il est presque aussi jeune que moi. Pourtant je l'attends toujours, et je t'assure que je le crois un peu fou. La pauvre Eveline a de qui tenir.

— Non, Dutertre n'est pas fou;

Je le sais incapable de repousser un homme comme toi à cause de son manque de fortune. Je veux renouer l'affaire, et je le ferai malgré toi. Si cela doit finir par un duel, que diable! finissez-en et ne soyez pas là à vous regarder comme deux sentinelles, du haut de vos donjons. J'ai donc bien fait de venir, ne fût-ce que pour te servir de témoin.

— Mon cher de Saulges, tu es le meilleur ami que j'aie jamais eu, et je ne me pardonne pas de ne t'avoir pas apprécié plus tôt. Crois à toute ma reconnaissance, mais sache que j'ai peur de ton zèle, et que je ne voudrais pas...

Ici un cri déchirant, qui semblait partir du dehors, interrompit Thierray, et les deux amis se regardèrent, écoutant et se demandant s'ils avaient rêvé.

— Ah çà! est-ce encore la dame au loup qui fait de ses tours? dit Flavien en se levant et en prenant un flambeau. On a appelé, c'est certain.

— Non, dit Thierray, c'est un cri de détresse, c'est un accident, et plus près de nous peut-être que cela ne semble.

Ils sortirent du salon et se dirigèrent vers les appartements inhabités qui prenaient jour sur la face extérieure du château, car il leur semblait que le bruit était venu de ce côté. Thierray, guidé peut-être par un vague instinct, quoiqu'il fût à cent lieues de pressentir la vérité, entra dans la chapelle, et vit devant lui un corps étendu sans mouvement sur le pavé.

— Bon! un voleur qui s'est cassé la mâchoire en tombant de là-haut, dit-il, mesurant de l'œil la distance du pavé à la fenêtre, qui était de neuf à dix pieds.

— Est-il mort? dit Flavien avec la nonchalante tranquillité qu'il portait dans les faits de la vie active.

— C'est un enfant! reprit Thierray, s'approchant du jeune villageois dont il ne voyait pas la figure tournée vers le mur ; et, soulevant le large chapeau qui cachait cette figure, il jeta à son tour un cri perçant, en découvrant les blonds cheveux et le visage pâle d'Eveline évanouie. Ils l'emportèrent dans le salon, où elle se ranima, regarda autour d'elle d'un air étonné, reconnut Thierray et sourit :

« Voyez, dit-elle, à quoi vous m'exposez ! je me suis fait mal ! encore une de vos bouderies cruelles, et je me tuerai ! »

En achevant ces mots, elle vit Flavien qu'elle n'avait pas remarqué d'abord. De pâle qu'elle était, elle devint pourpre de honte, et cacha son visage dans ses deux mains avec un effroi plein de pudeur qui attendrit Flavien, en lui faisant retrouver la femme timide dans l'héroïne entreprenante.

— Ne doutez pas de mon honneur, de ma discrétion, de mon intérêt, lui dit-il, rassurez-vous, mademoiselle ; mais, pour Dieu ! dites-nous si vous êtes blessée.

Thierray ne pouvait parler ; suffoqué par l'effroi, la reconnaissance et le dépit qui se combattaient en lui, il ne savait s'il devait la maudire ou la remercier à genoux ; mais son angoisse la plus forte et la plus naturelle était la crainte qu'elle ne se fût blessée mortellement.

— Oui, oui, lui dit-il enfin en lui touchant les bras avec une anxiété qui écar-

tait toute idée contraire au respect. —
Vous devez avoir beaucoup de mal, parlez, parlez. Que vous est-il arrivé?

— Rien, en vérité, dit Eveline, j'ai seulement le pied engourdi; je ne suis pas tombée précisément; j'ai sauté de plus haut que je ne croyais, et j'ai eu peur, voilà tout.

— Mais comment êtes-vous entrée? Quelle est cette nouvelle folie? dit Thierray, rassuré, mais non calmé.

— Ah! vous me le demandez? dit Eveline d'un ton de reproche déchirant.

Flavien vit qu'une explication entre

eux devenait nécessaire, et par discrétion il se retira doucement, mais Eveline le rappela.

— Monsieur de Saulges, lui dit-elle, puisque la Providence me fait vous rencontrer ici, rendez-moi un grand service : restez entre nous. Quelque fastidieuses que soient les querelles de deux fiancés parfaitement déraisonnables tous les deux, acceptez généreusement cette tâche. Vous êtes son ami, à lui ; soyez aussi le mien. Servez-moi de témoin, de juge, de conseil et d'avocat, au besoin, je vous en prie.

Flavien, ramené par ces paroles caressantes, prit Eveline en amitié.

— Eh bien ! oui, je le veux, dit-il, car aussi bien, je ne suis revenu ici que pour faire entendre raison à ce sceptique et travailler à votre union. Mais, avant tout, ma chère demoiselle, prenez quelque chose, de la fleur d'oranger, de l'éther, que sais-je? Que prend-on pour les chutes, Thierray? Elle est pâle comme la mort, cette pauvre enfant. Est-ce qu'il n'y a pas ici quelque chose qui soit bon pour son état? Cherche donc.

Thierray ouvrit le nécessaire pharmaceutique de la chanoinesse, et il y prit des sels qui soulagèrent effectivement Eveline. Elle raconta ce qui lui était arrivé. Elle avait trouvé, de près, les objets aperçus de loin, beaucoup moins rassurants qu'elle ne s'y était attendue. L'éboulement laissait une plus grande portée à l'échelle. L'échelle était plus longue qu'elle ne croyait. Elle n'avait pas voulu reculer devant le danger de se tuer, et, sauf à faire naufrage au port, elle avait atteint la fenêtre de la chapelle. Là, au moment où ses pieds quittaient le dernier échelon, elle avait eu le vertige, et, pour s'en défendre, elle avait, par un effort désespéré, franchi l'embrasure et sauté dans l'intérieur sans se demander à quelle distance elle se trouvait du sol. Elle était arrivée au bas très adroitement sur ses pieds, et attribuait son évanouissement à la surprise et à la frayeur que lui avait causé cette distance.

— Je ne sais pas si j'ai crié, dit-elle, je crois que j'avais perdu l'esprit avant d'arriver à terre.

— Mais alors, comment sauriez-vous que vous êtes tombée sur vos pieds? dit Thierray.

— Parce qu'il m'a semblé éprouver aux pieds une douleur terrible, et que je suis alors tombée doucement sans ressentir aucun autre mal, et sans me souvenir du lieu où j'étais.

— Mais, cependant, il faudrait vous

assurer, dit Flavien, que vos pieds ne sont pas blessés.

— Non, non, dit Eveline, je ne suis qu'engourdie, fatiguée; laissez-moi ne pas bouger pendant un instant, et puis je reprendrai ma route, car il est tard, cette fois, et il faut que je sois rentrée avant le jour.

— Rentrée? dit Thierray. Ah! Eveline, quand votre fantaisie vous emporte, vous savez bien où vous allez, mais vous vous inquiétez fort peu du retour. Vous êtes donc venue à pied, que ces vilaines chaussures sont mouillées!

— Oui, à pied, et toute seule, dit Eveline en ôtant ses pistolets qu'elle posa sur le guéridon à côté d'elle. Cette fois vous ne direz pas que mes confidents me trahiront!

—Seule, la nuit! s'écria Thierray. Oh! folle! trois fois folle!...

— Vous voyez comme il me sait gré de ce qu'aucune autre femme ne serait capable de faire pour lui! dit Eveline à Flavien, par qui elle se sentait soutenue intérieurement.

Et elle raconta comment elle était venue, avec la modestie d'un vrai courage.

— Ma foi, c'est superbe ! dit Flavien émerveillé. Vous êtes une Jeanne Hachette, une héroïne des anciens jours. Tenez ! dix femmes comme vous eussent sauvé la royauté en Vendée ! Dix femmes intrépides et enthousiastes valent des milliers d'hommes, parce qu'avec elles les hommes ne se découragent jamais et veulent devenir des héros sous leurs yeux. Allons ! Thierray, c'est insensé, mais c'est sublime ! A genoux devant ta fiancée ! Demain les paroles seront échangées avec la famille, je m'en charge. Donnez-moi d'abord les vôtres, mes enfants, et je me fais l'ambassadeur des deux parties. Tenez, je me sens tout paternel entre vous deux, et il me prend des envies de bénir dont je ne me serais jamais cru susceptible.

Cette manière brave et enjouée de prendre les choses était fort sympathique à Eveline ; mais Thierray sentait de plus en plus l'effroi de sa destinée. Il baisait si respectueusement et avec si peu de passion la main de sa fiancée, qu'elle n'était avertie par aucun trouble intérieur d'avoir à la lui retirer. Ainsi, au fond de cette passion que le public eût jugée effrénée s'il n'en eût vu que les actes extérieurs, il y avait encore quelque chose de glacé au fond des âmes.

— Allons, dit Eveline en regardant la

pendule qui marquait déjà trois heures, le temps presse. Dites-moi trois bonnes paroles, monsieur Thierray, car vous ne me dites rien du tout, et il faut que ceci soit ma dernière campagne.

—Tout ce qu'il vous dirait ne vaudrait pas ce qu'il pense, dit Flavien, trompé par le trouble de son ami, et si vous étiez émue comme lui, vous ne pourriez rien dire. Il suffit que j'aie sa parole, et il va me la donner.

— Oui, mon cher Flavien, je te la donne! répondit Thierray, honteux de sa propre froideur; mais songez, chère Eveline, que je fais pour vous plus que vous ne pourriez jamais faire pour moi. Pour reconnaître votre affection, je m'expose, presque à coup sûr, aux refus méprisants de votre famille, à l'affront qni m'est le plus sensible et que j'avais mille fois juré de ne pas risquer en recherchant une personne riche.

— Vous êtes fou, vous rêvez, Thierray, dit Eveline. Mon père désire si vivement notre union, qu'il s'inquiète et s'afflige de votre absence, et qu'il est venu lui-même ici sans vous trouver.

— Mais il ne m'a pas écrit; il ne m'a rien fait dire?

— Faut-il donc qu'il vous prie d'accepter ma main, et n'est-ce pas à vous à la demander?

Thierray raconta la conversation qu'il avait eue dans le bois avec Dutertre. Eveline jura que Thierray avait eu l'*hallucination auditive*, et que son père ne se doutait pas seulement de sa première visite à Mont-Revêche. « Il aura eu ce jour-là, dit-elle, une querelle avec Nathalie, ou une mauvaise nouvelle pour ses affaires. Vous l'aurez vu triste; vous aurez fait quelque absurde *quiproquo* en lui parlant de mon aventure, dont il n'a pas encore le moindre soupçon. Vous persistez à en douter? Moi, je vous l'atteste, et, si vous ne venez pas demain éclaircir l'affaire, je croirai que j'ai fait cette nuit une course à me faire dévorer par les loups, et une chute à me briser la tête pour un homme qui ne veut pas de moi.

— J'irai ! j'irai ! en doutez-vous ? s'écria Thierray ranimé par l'espoir que, si ce mariage était un malheur pour lui, ce ne serait, du moins, pas une avanie.

Il lui baisa les mains avec plus d'expansion. Eveline, rassurée, reprit ses pistolets, remit son chapeau rustique et prétendit qu'elle allait partir. Thierray et Flavien se disposèrent à l'accompagner jusqu'à la limite du parc de Puy-Verdon. La nuit était fort sombre et on pouvait sortir par la porte de Mont-Revêche sans éveiller les domestiques.

Eveline se leva, devint pâle comme la mort, et essaya de marcher. Malgré le courage héroïque qu'elle mit dans cet acte de volonté, elle tomba dans les bras qui la soutenaient, en s'écriant :

— Ah! malheureuse que je suis, c'est impossible! je suis perdue!

Elle avait un pied luxé. Elle souffrait le martyre depuis une heure, en parlant et en souriant, sans vouloir faire attention à cette souffrance. Mais l'effort qu'elle fit pour s'appuyer sur ce membre déjeté fut si atroce qu'elle perdit connaissance une seconde fois.

Qu'on juge de l'effroi et de l'embarras des deux amis! Ils n'osaient toucher à cette jeune fille. Ils ne savaient à quel accident attribuer son état. Avant tout, il fallait la faire revenir à elle. Ils y parvinrent; elle leur dit alors qu'elle croyait avoir un pied démis, mais qu'elle aimerait mieux mourir que de se laisser soigner par eux. Flavien voulait appeler Manette. Thierray s'y opposa; Manette n'était ni curieuse ni vigilante, mais elle n'en était pas moins bavarde, et, malgré la meilleure volonté du monde, l'âge et l'habitude de raconter la rendaient incapable de garder un secret pendant vingt-quatre heures. Gervais était bien discret avec les gens du dehors, mais comme il n'avait pas de secret pour sa femme, cela revenait au même.

— Allez me chercher Forget, dit Eveline pour qui un domestique n'était pas un homme.

Malgré l'âge mûr et la gravité de Forget, cette idée d'exposer Eveline à son blâme fut insupportable à Thierray.

— Eveline, dit-il avec autorité, il n'y a rien d'indécent à montrer son pied à un homme, quand ce pied est brisé et que cet homme est un médecin. Je ne le suis pas, mais je suis plus, je suis votre mari, je vous panserai moi-même.

Il se rappela que Manette soignait les malades d'alentour avec un certain vulnéraire dont la chanoinesse lui avait solennellement légué la recette, et qu'il y avait une ample provision de ce topique dans les inépuisables buffets de la défunte.

Thierray, avec le sérieux d'un médecin et la chasteté d'un père, en imbiba des linges et en enveloppa ce malheureux pied, déjà bleu et enflé, afin d'arrêter l'inflammation en attendant les secours du chirurgien. Puis Eveline, qui souffrait au point de ne pouvoir s'aider elle-même, fut couchée sur le divan du salon, pendant que ses deux hôtes se demandaient avec anxiété ce qu'ils allaient devenir.

La mettre dans le tilbury, seule voiture qu'ils eussent à Mont-Revêche (Flavien ayant renvoyé immédiatement la chaise de louage qui l'avait amenée de Nevers), ne paraissait pas possible pour le moment. Eveline, qui avait doublé son mal par un effort fatal pour le vaincre en marchant, ne pouvait plus faire un mouvement du reste du corps qui ne lui arrachât un cri. Comment supporterait-elle le trot du cheval dans une voiture où elle ne pourrait même pas s'étendre? Et puis, c'était une voiture découverte, et le jour allait poindre. Son déguisement pouvait la protéger le long du chemin, mais le soleil serait levé quand on arriverait à Puy-Verdon, et comment ferait-on pour la descendre de voiture et la reconduire à ses parents, sans mettre toute la maison dans la confidence?

— La première chose à faire, dit Flavien en s'efforçant d'être gai pour ranimer la malade, c'est d'avoir le chirurgien. Indiquez-nous le meilleur, Eveline; Forget ira le chercher. Il ne verra de vous que votre pied, et nous le menacerons de lui brûler la cervelle s'il parle de l'aventure.

— Oui, oui, dit Eveline d'une voix brisée; comme dans les romans espagnols ! Mais cela ne se peut pas; il n'y a dans le pays que des *remègeux,* ou le chirurgien de notre maison qui est habile, mais qui reconnaîtra ma voix rien qu'au moindre hoquet que la douleur m'arrachera pendant l'opération. C'est impossible, voyez-vous; il faut que je trouve moyen de rentrer à Puy-Verdon où cet homme me soignera sans savoir en quel lieu m'est arrivé l'accident. On peut rester quelques heures dans la position où je suis. J'ai vu des paysans attendre l'opération des

jours entiers, et ils n'en sont pas morts.
Or, moi, j'aime mieux mourir que d'être
vue ici par des étrangers, ou rencontrée
sur les chemins, faisant retraite après
une campagne malheureuse. Il n'y a de
pardonnables et de pardonnées, en fait
de folies, que celles qui réussissent;
celles qui échouent sont ridicules et blâ-
mées. Il m'importe peu, Thierray, que,
le lendemain de notre mariage, on sache
quelles diableries j'ai faites pour vous.
On en sera effrayé, on n'en rira pas.
Mais être prise là, sur le fait, c'est affreux! J'aime mieux mourir, vous dis-je:
on ne rit pas d'une femme qui meurt...
Oui, oui, vous me cacherez, vous m'en-

terrerez dans quelque coin... « Mes bons amis, comme dit votre perroquet, laissez-moi, je vais mourir ! »

Et la pauvre Eveline, dont les nerfs étaient surexcités, partit d'un éclat de rire qui se termina par des sanglots.

— Il n'y a qu'un parti à prendre, dit bas à Thierray Flavien, qui, seul, ne perdait pas la tête, il faut aller tout dire à Dutertre. Ce n'est pas dans l'état où est cette pauvre enfant qu'un père peut manquer de tendresse et d'indulgence. Lui seul décidera du parti à prendre immédiatement, soit que nous devions soigner ici sa fille avec lui, soit qu'il trouve un moyen de l'emmener. Sa présence sauvera tout; il est ferme, prudent et généreux. Ta demande et son acceptation seront un fait simultané. Je pars! charge-toi de tenir la présence d'Eveline ici secrète, jusqu'à ce que le père ait décidé.

Eveline, en proie à une crise nerveuse, n'entendit rien de cette résolution, à laquelle elle se fût opposée, bien que ce fût la seule à prendre et la meilleure possible. Flavien sella et brida lui-même *Problème*, et partit au triple galop, tandis que Thierray, consterné, s'enfermait dans le salon avec Eveline.

III

III

Thierray eut bientôt à lutter contre les soins officieux de Manette, qui, surprise de le trouver à la porte du salon lorsqu'elle s'y présenta, voulait absolument lui apporter du chocolat, ouvrir les jalousies et lui persuader de ne pas *écrire* davantage, jurant qu'il se tuerait à veiller ainsi jusqu'au grand jour. Thierray réussit à soutenir le colloque inévitable à travers la fente de la porte, et pour en finir plus vite, il lui ordonna de ne pas le déranger davantage, disant qu'il ne voulait ni air, ni jour, ni repas, et jurant, de son côté, qu'il ne sortirait pas du salon et n'y souffrirait personne tant que sa tâche ne serait pas finie.

Manette, qu'il avait habituée à une déférence pleine d'égards, fut surprise et mortifiée d'être mal accueillie pour la première fois.

— Si monsieur ne veut pas me laisser

faire mon service à présent, dit-elle, il faudra donc que je me passe de messe, aujourd'hui dimanche !

— Quoi, c'est dimanche ? dit Thierray ; raison de plus ! Allez à la messe bien vite, ma chère dame, et restez à la paroisse jusqu'aux vêpres si vous le voulez. Je ne déjeunerai pas ici, je n'y dînerai pas. Je n'ai besoin que de Forget. Qu'il ne me dérange pas, mais qu'il reste dans la maison.

— En ce cas, reprit la vieille, Gervais peut donc sortir aussi ?

— Toute la journée si bon vous semble, et même il me fera plaisir de profiter de ce jour de fête!

— Ah! quel jour de fête! dit Eveline, aussitôt que Manette se fut éloignée, joyeuse d'un congé qu'elle pouvait prendre tous les jours, mais que, jalouse de ses fonctions, elle se faisait un devoir de demander : c'est à présent, monsieur Thierray, poursuivit Eveline, que je sens l'immense folie que j'ai faite. Hélas ! il n'est pas de volonté assez forte pour imposer ses caprices à la destinée, car la destinée aussi à les siens, plus aveugles et plus terribles que tous les nôtres !

— Ne parlez pas, chère Eveline, dit

Thierray, effrayé de son agitation ; vous avez la fièvre.

Elle s'endormit d'un sommeil pénible, entrecoupé de cris et de gémissements. Elle rêvait toujours qu'elle tombait, et Thierray, craignant le délire, lui couvrit la tête de linges mouillés et imbibés d'éther.

Pendant qu'il comptait les minutes, en proie à une inquiétude sans égale, et plus mécontent des causes de cette situation qu'il ne voulait le paraître à la pauvre blessée, Flavien, d'une course rapide, arrivait au hameau de Puy-Verdon, situé à l'entrée de la vallée que couronnait le château. Le premier objet qu'il vit à la porte d'une des plus pauvres maisons de ce hameau fut une des voitures de Dutertre dont Crésus tenait les chevaux. Il demanda au groom où était son maître.

— Oh! bien loin, monsieur, dit Crésus, il est à sa grand'ferme, à trois lieues d'ici, et ne reviendra que ce soir à la nuit.

Flavien se souvint alors qu'Eveline lui avait parlé de cette circonstance. Il l'avait oubliée dans son trouble en partant.

— Qui donc est là? demanda-t-il à

Crésus, en désignant la maison devant laquelle stationnait l'équipage.

— Il n'y a que madame toute seule, qui est venue porter des remèdes à un malade.

— La mère? c'est encore mieux, se dit Flavien. Mais au moment de mettre pied à terre pour entrer dans la maison, il hésita : — Oui, si c'était une mère ! pensa-t-il ; mais une belle-mère ! un être qu'à tort ou à raison on regarde comme un ennemi naturel ! Que faire ? Eveline ne me le pardonnera peut-être pas ! Cependant, tôt ou tard, il faudra bien que madame Dutertre sache ce qui est arrivé.

Il me paraît même impossible qu'elle l'ignore jusqu'à ce soir... Les moments sont précieux, l'état d'Eveline peut être grave. Sa vie est une plus grande responsabilité pour nous que son secret.... Allons !

Il descendit de cheval, et, au même moment, madame Dutertre, portant une petite pharmacie de campagne sous son bras, sortit de la chaumière, reconduite par une jeune fille qui la remerciait des soins rendus à ses parents.

Flavien, qui se regardait comme bien guéri de sa passion, se sentit pourtant ému, en la voyant, plus qu'il ne s'y attendait.

Olympe était de ces femmes que l'on ne regarde pas impunément, soit qu'on les voie des yeux du corps ou des yeux de l'âme. Elle avait une de ces beautés parfaites qui résultent d'une complète harmonie morale et physique dans l'organisation. Tout en elle était beau et pur, les traits, l'expression, la taille, les cheveux, les extrémités, la voix, le regard, le sourire et même les larmes, comme Flavien l'avait très bien remarqué. Elle avait paru si parfaite à son père qui était un artiste éminent, et à tous les artistes éminents qui avaient vu fleurir son adolescence ; son intelligence sereine, facile, féconde, répondait si bien à sa beauté, que, dans le groupe de talents choisis où elle avait été élevée en Italie, on s'était écrié cent fois que ce serait un sacrilège envers Dieu et les hommes que de ne pas la consacrer à l'art dont elle semblait née prêtresse. Elle avait une des plus belles voix, elle annonçait un des plus beaux génies musicaux de l'Europe. Elle avait atteint sa seizième année dans cette atmosphère de tendres sympathies et de paternelles admirations, sans être ni enivrée ni effrayée de ce grand avenir qui s'ouvrait devant elle. Elle marchait dans sa brillante destinée avec le calme des êtres privilégiés qui héritent du feu sacré sans orgueil, et qui savent qu'ils ont à s'aider eux-mêmes, tout en se sentant portés par l'amour et l'engouement de leur entourage

Mais, à seize ans, Olympe Marsiani avait vu Arsène Dutertre, et sa destinée avait été changée.

Duterte avait alors trente-quatre ans. C'était plus du double de l'âge d'Olympe. Mais ce n'en était pas moins un être aussi accompli qu'elle dans son genre, on pourrait dire dans le même genre ; car il existait dans leurs goûts, dans leurs idées, dans leurs caractères, dans leur organisation tout entière, des rapports dont la puissance les entraîna irrésistiblement l'un vers l'autre, et se révéla à eux chaque jour davantage. Tous deux étaient calmes à l'extérieur avec une âme ardente ; tous deux étaient à la fois tendres et passionnés, combinaison bien rare et qui ne se rencontre que chez les natures d'élite : c'est dire que tous deux étaient énergiques et doux, enthousiastes et tolérants, sérieux d'esprit et enjoués de caractère.

Dutertre, élevé avec soin par des parents riches qui appartenaient à la haute industrie, richement doué, lui, par la nature, sentait vivement, et comprenait largement les arts. Le hasard l'amena dans la maison Marsiani, où, dès la première heure, il fut aimé et apprécié. Il n'était pourtant ni musicien, ni peintre, ni auteur. Il n'en était pas moins artiste et poëte. Sa prédilection pour l'agriculture prenait sa source dans une immense admiration pour l'œuvre divine et dans une candeur de l'âme qui le portait aux occupations de la vie primitive. Sa femme le comparait souvent, avec Amédée, à ce personnage de Cooper, type de prédilection qu'il a développé dans plusieurs romans sous les noms si connus du *Chercheur de sentiers,* d'*OEil de Faucon,* du *Guide,* etc. Ce type, devenu populaire, est, à travers les développements souvent trop naïfs du récit, une des plus belles et des plus suaves créations de la pensée humaine. Il est pur et grand comme une forêt vierge. C'est la vertu du chrétien alliée à la liberté du sauvage, c'est l'homme primitif dans toute sa puissance physique, initié au progrès moral de l'humanité par ses côtés d'excellence incontestable, la charité, le pardon, la droiture, la justice.

Tel eût été Dutertre s'il eût vécu dans les déserts d'un monde vierge, et la comparaison de sa femme s'appliquait avec justesse à ce qu'il y avait d'inné en lui. La société l'avait enrichi de toutes les connaissances nécessaires à l'époque et au milieu où il vivait, et, chose étrange! elle n'avait rien effacé, rien corrompu dans cette organisation admirable. Il avait acquis, dans cette société, la notion de l'*utile*, inconnue au héros de la solitude; mais habile à tirer parti des ressources de la nature, il n'en avait pas abusé en vue de lui-même, il en avait largement et sagement usé en vue des autres. Le bien qu'il avait fait était immense, et, dans ses mains, la richesse était un levier pour en faire chaque jour davantage.

Olympe, enfant, n'avait pu comprendre cet homme dès le premier jour. Elle l'avait aimé d'instinct, non pas comme Eveline aimait Thierray avec la volonté de le vaincre, mais comme les âmes dévouées aiment ce qui leur ressemble, avec le besoin de faire son bonheur.

Dutertre avait aimé Olympe enfant avec autant d'entraînement spontané et plus de certitude encore. Lui, qui avait des enfants, des filles en qui il voyait poindre des qualités et des défauts, il avait discerné, dès l'abord, chez cette jeune créature, une supériorité sans alliage. Il avait compris, tout aussi bien que senti, que cet être était fait pour lui seul et qu'ils se chercheraient en vain ailleurs tout le reste de leur vie.

Il est fort inutile de raconter ici par

quelles alternatives de résolution et de crainte, d'espoir et d'effroi, il avait passé durant quatre années, en songeant d'une part au sort de ses filles, de l'autre à celui d'Olympe elle-même. On peut bien croire qu'un tel homme n'avait rien sacrifié à la passion aveugle, comme le prétendait l'envieuse Nathalie. Il s'était effrayé d'arracher Olympe à un avenir de gloire que toute sa richesse à lui ne pourrait peut-être pas remplacer. Il était revenu en France plusieurs fois pour sonder l'âme et l'esprit de ses filles. Il les avait trouvées empressées de revenir au foyer paternel, bonheur impossible pour elles, tant qu'il ne leur aurait pas donné une seconde mère, et elle l'avaient supplié de se remarier, Nathalie plus ardemment que les deux autres, parce qu'elle était l'aînée et sentait plus vivement l'ennui du cloître.

A son troisième voyage en Italie, Dutertre avait trouvé Olympe orpheline et retirée aussi dans un couvent, avec la résolution de n'en sortir que pour le mariage, jamais pour le théâtre. Elle abjurait la vie libre de l'artiste avec une obstination dont ses parents et ses amis ne pouvaient pénétrer la cause, tant elle avait gardé avec patience et modestie le secret de son amour pour Dutertre.

Dutertre attribua comme eux cette résolution soudaine au premier effet de la douleur filiale. Olympe avait adoré son père ; il avait désiré qu'elle fût cantatrice ; elle avait travaillé à le devenir pour le satisfaire. Il n'était plus, elle abandonnait un projet qui, disait-elle, n'était pas le sien, mais dont elle ne devait plus compte à personne.

Il fallut que Dutertre devinât la vérité lui-même. Olympe, fière et timide, ne lui eût jamais révélé sa passion. Elle avait compris ses scrupules, elle avait voulu lui épargner le remords de lui faire manquer sa vocation. Elle avait compris également qu'un père de famille ne pouvait épouser une cantatrice. Elle fit ce sacrifice, sans même songer que c'en fût un.

Quand elle épousa Dutertre, elle avait vingt ans. Elle croyait qu'entre ses filles et elle il y aurait toujours la distance d'âge relative qui existait alors entre sa jeune expérience du monde et leur complète ignorance de la vie. Elle les regardait comme des enfants et se flattait naïvement de leur être une mère. Elle les avait aimées comme elle savait aimer, la pauvre femme, de toute son âme et même avec aveuglement, jusqu'à l'heure fatale où, forcée de découvrir chez Eveline une résistance invincible, chez Nathalie une haine profonde, elle avait pressé en silence la Benjamine sur son cœur, seul refuge qui lui restât en l'absence de son mari.

Amédée avait été littéralement un frère à ses yeux. Ils étaient du même âge, et ce jeune homme sérieux et triste, atteint du mal profond qui le rongeait à son insu, tout en l'appelant parfois sa mère, se trouvait réellement d'âge à la soutenir et à la consoler. Il s'était acquitté de ce soin avec un désintéressement admirable, et Olympe ne comprenant pas sa souffrance, tant elle était vaincue par la sienne propre, s'était habituée à lui ouvrir son âme comme au meilleur ami qu'elle eût, après son époux.

Depuis quelques jours, Olympe était plus triste, plus effrayée qu'elle ne l'avait été de sa vie. Elle voyait son mari agité et préoccupé, partagé entre des accès d'idolâtrie pour elle et de subites froideurs qu'elle prenait encore pour l'effet d'un chagrin étranger à leur amour. Amédée lui manquait. Il lui semblait que cet ami délicat et ingénieux eût arraché à Dutertre l'aveu de son anxiété, ou que, du moins, il lui eût suggéré, à elle, le moyen de la faire cesser.

Lorsque Flavien la vit apparaître au seuil de cette chaumière, il fut frappé de l'altération de ses traits. Habituellement pâle, car elle était de ces organisations lymphatiques et bilieuses qui produisent les plus persévérantes et les plus lucides intelligences, elle avait, pour la première fois, les lèvres entièrement décolorées. Les plans de son visage conservaient la rondeur qui s'allie à la fermeté dans les beaux types italiens, mais les narines, en se resserrant et en rendant son profil plus fin, attestaient l'invasion d'une maladie chronique. Enfin, ses yeux légèrement cerclés d'une teinte bleuâtre avaient pris un développement qui la rendait plus belle, mais qu'un diagnosticien plus habile eût observé avec inquiétude.

Flavien jugea qu'elle avait eu quelque

grand chagrin depuis qu'il ne l'avait vue. Une circonstance que nous avons omise dans ce récit, parce qu'elle trouvera sa place plus tard, le préserva de la vanité de croire qu'il fût pour quelque chose dans ce chagrin. Il n'en fut pas moins touché, car cette altération l'embellissait encore à ses yeux, en la lui montrant plus souffrante, plus faible, plus femme, selon lui.

Olympe était vêtue avec une extrême simplicité, d'une robe de drap foncé, d'un mantelet pareil et d'un voile de dentelle noire, noué sous le menton, qu'elle portait souvent le matin pour sortir dans la campagne ; c'est la mantille des Italiennes. Tout ce noir, tout ce sombre, la faisaient paraître encore plus blanche. Aussi les paysans, qui ne se trompent pas sur le solide éclat nécessaire à la santé, la jugeaient-ils fort malade, bien qu'autour d'elle, dans la famille, hormis Dutertre, personne n'y fît une attention sérieuse, depuis le départ d'Amédée.

Elle fut un peu surprise de voir Flavien, mais elle ne manifesta aucune émotion, et lui fit un accueil froidement poli, qu'il comprit du reste, surtout lorsqu'elle ajouta :

— Je ne croyais pas, monsieur, que vous dussiez revenir.

Il la supplia d'écouter une communication importante qu'il avait à lui faire, et elle s'éloigna un peu de Crésus et des villageois pour l'écouter sans pruderie, bien qu'avec une répugnance visible et avec une attitude qui n'eût pas laissé d'espoir au roué le plus impertinent.

— Rassurez-vous, quant à moi, madame, lui dit-il, dès qu'il put lui parler sans être entendu des autres témoins, mais préparez-vous à surmonter un moment d'inquiétude et de chagrin. Je vous apporte... je suis absolument forcé de vous apporter une nouvelle affligeante.

— Mon Dieu! s'écria Olympe, avez-vous vu mon mari ? que lui est-il arrivé ? parlez donc vite, monsieur, de grâce !

— Non, madame, répondit Flavien baissant la voix, car il lisait de loin dans les yeux de Crésus combien il faisait effort de ses oreilles. — Non, il n'est pas question de M. Dutertre... quelqu'un que vous aimez moins, mais encore beaucoup...

— Ah ciel ! Amédée ! dit Olympe. Notre pauvre Amédée ! Oui, vous venez de Paris... un malheur !..

— Je ne le savais pas à Paris, dit Flavien, qui s'effrayait beaucoup, en la voyant si émue, du coup qu'il allait lui porter.

— Mais qui donc, mon Dieu? mes filles sont toutes à Puy-Verdon..... elles dorment..... Bah! vous me trompez, monsieur! vous vous jouez de moi!

— Non, madame, car ce serait un jeu atroce; toutes vos filles ne sont malheureusement pas à Puy-Verdon dans ce moment-ci.

— Ah! parlez!...

— Eveline...

— Est déjà sortie? seule? elle est

tombée de cheval? Ah Dieu! cela devait arriver! Où est-elle?...

— Parlez plus bas, madame, ce n'est pas seulement un accident, c'est un secret plus grave que la blessure légère qu'elle s'est faite au pied.

— Vous me tuez! expliquez-vous donc vite, dit Olympe tremblante ; et lui saisissant le bras, sans plus se souvenir de ses torts, elle le mena quelques pas plus loin.

En aussi peu de mots que possible, Flavien lui raconta ce qui s'était passé. Olympe l'écoutait avec ses grands yeux effarés, ne pouvant comprendre, croyant faire un rêve et portant de temps en temps la main à son front comme pour tâcher d'y faire entrer le sens des paroles qu'elle était forcée d'entendre.

— J'allais chercher M. Dutertre, dit Flavien en finissant, mais j'apprends qu'il est trop loin, et Eveline est dans un état inquiétant.

— Oui, oui, son père est trop loin, dit Olympe, dont les yeux s'étaient fixés à terre avec une expression de méditation douloureuse. D'ailleurs, il faut le préparer à une crise si rude. C'est moi, moi seule, qui dois aller vers elle. Attendez...

je vais trouver le moyen de tout sauver pour aujourd'hui... Il faut que je le trouve!... mais d'abord partons, courons vers elle... En route il me viendra une idée ; je suis comme folle en ce moment-ci !

Elle reprit le bras de Flavien, et le ramenant vers la voiture avec une résolution dont elle ne paraissait pas capable au milieu d'un si grand trouble.

— Crésus, dit-elle au groom, montez sur le cheval de M. de Saulges ; retournez au château et dites que si je ne suis pas rentrée pour déjeuner, on ne m'attende pas. Je vais voir d'autres malades. Allons! monsieur le comte, dit-elle à Flavien, de manière à être entendue, puisque vous voulez bien me servir de cocher, conduisez-moi chez ces pauvres gens.

Elle monta vivement dans la calèche qui se fermait avec des glaces et des stores, circonstance que Flavien avait déjà remarquée et qui permettait de ramener Eveline cachée à tous les regards, au moins durant le trajet. Mais Eveline serait-elle transportable? Là était la question. Flavien ne s'arrêta pas à réfléchir, il fouetta les chevaux et s'enfonça sous les bois qui conduisaient à Mont-Revêche, laissant Crésus stupéfait, et quelque peu narquois à la vue de ce tête-à-tête improvisé.

IV

IV

Ce tête-à-tête n'eut rien d'enivrant, comme l'on peut croire : Olympe, enfermée dans la voiture et perdue dans les tristes réflexions que lui suggérait la circonstance ; Flavien sur le siége, conduisant à fond de train, à travers des chemins difficiles et dangereux, deux chevaux ardents, et tout entier à la brillante responsabilité d'arriver vite au secours d'une héroïne sans compromettre les les jours de l'autre. Flavien, comme tous les hommes adonnés aux exercices de la vie physique, était un peu enfant et attachait une certaine importance à son talent d'automédon. De temps en temps il se retournait vers Olympe pour lui demander si elle n'avait pas peur, mais la glace se trouvait toujours entre eux, ce qui coupait court à tout dialogue, et il la voyait absorbée, tristement rêveuse, n'accordant aucune attention aux accidents du chemin, par conséquent au mérite de son conducteur.

Au bas de la colline de Mont-Revêche, il fallait de toute nécessité, prendre le pas, tant le chemin était rapide. Olympe, seulement alors, baissa la glace entre le fond de la voiture et le siége de Flavien.

— Monsieur, lui dit-elle, croyez-vous que je puisse entrer chez vous sans être vue de vos domestiques ?

— Je n'en fais pas de doute, madame, certainement Thierray les aura tous éloignés. Mais les gens de la ferme ont déjà dû reconnaître votre voiture.

— Peu importe, dit-elle : M. Dutertre vous ayant déjà prêté des chevaux et une voiture, il n'y a pas de raison pour qu'on sache que je suis dans celle-ci. J'ai eu soin de me cacher.

— Entrerai-je dans la cour, madame ?

— Oui, mais ne m'ouvrez la portière qu'après vous être assuré de l'absence de témoins indiscrets.

La porte de Mont-Revêche était fermée au verrou et à la barre. Flavien sonna d'une certaine façon convenue entre lui et Thierray. Celui-ci vint ouvrir lui-même, et referma quand la voiture fut entrée. Il avait gardé Forget à tout évènement, mais il l'avait enfermé sur parole dans une pièce située sur la façade extérieure, certain qu'il respecterait le mystère de cette matinée, et qu'il était même content de n'y être pas initié.

— Eh bien! madame, dit Flavien à Olympe en lui ouvrant la portière, avez-vous trouvé les moyens de tout sauver?

— Oui, répondit-elle, si l'état de la pauvre malade nous le permet.

— Grâce au ciel! dit Thierray en lui

offrant le bras, elle va infiniment mieux. Elle a dormi, et depuis une demi-heure elle ne souffre plus. Je crois que vous pourrez l'emmener. — Ah! madame, ajouta-t-il en la faisant entrer dans la maison, croyez bien que je n'ai rien, absolument rien à me reprocher dans ce qui arrive !

— Je le sais, dit Olympe qui avait pris son bras sans lui adresser la parole ; je sais aussi vos bonnes intentions pour l'avenir, ne parlons donc pas de ce qui est déjà le passé.

En la voyant entrer dans le salon, Eveline fit un cri, et, cachant son visage dans les coussins du sofa où elle était étendue :

— Ah ! messieurs ! dit-elle, vous me portez le dernier coup !

La pauvre Olympe ne se rebuta pas de ce cruel accueil. Elle courut à Eveline, couvrit de baisers ses mains dont elle cachait jusqu'à son front brûlant de honte, pressa sa tête blonde contre son sein et l'arrosa de larmes.

— Oh ! madame, vous me plaignez ! vous avez raison, dit Eveline, me voilà perdue !

— Non, mon enfant, répondit Olympe.

Vous êtes sauvée, puisque je suis près de vous, et votre seule confidente. Ayez courage, ma bonne Eveline, si vous pouvez supporter la voiture, personne ne saura ce qui est arrivé, et votre père lui-même ne l'apprendra que de votre bouche, quand vous jugerez devoir le lui dire.

— Ah! Olympe, s'écria Eveline vaincue pour tant de douceur et de dévouement, c'est vous qui êtes bonne, meilleure cent fois que je ne mérite! Ah! que l'on est injuste envers vous! Oui, emmenez-moi d'ici, cachez-moi, sauvez-moi, et que mon père ne le sache jamais. Je ne crains au monde que son blâme ou ses railleries. Tenez, je ne sens plus aucune douleur, je peux marcher.

— Gardez-vous-en bien, s'écrièrent Olympe et Thierray, tout serait perdu !

Olympe visita le pied malade et renouvela le pansement. Le vulnéraire avait fait merveille, l'inflammation avait disparu, et tout faisait présager que l'opération aurait lieu dans de bonnes conditions. Flavien et Thierray transportèrent la blessée, et Olympe les aida à l'étendre dans la voiture.

— Allez nous attendre à Puy-Verdon, comme si vous veniez naturellement déjeuner, dit Olympe à Thierray. Vous y arriverez avant nous, car nous nous en irons doucement. Dites que vous m'avez rencontrée avec M. de Saulges, et que j'arrive, que vous croyez que j'ai dû aller voir des malades un peu loin, par ici. Il m'arrive souvent de faire d'assez longues courses dans ce but, cela n'étonnera personne. M. de Saulges sera censé m'avoir indiqué un cas d'urgence. Mais ne vous expliquez pas autrement, vous nous avez à peine parlé, vous ne savez rien précisément. Il se passera plusieurs jours avant que l'on vérifie le fait, si même on songe à le vérifier. Allez, monsieur Thierray, prenez la traverse; vous, monsieur de Saulges, conduisez-nous au pas. Je vous dirai ce qu'il faudra faire quand il sera temps.

Elle baissa les stores. Thierray alla délivrer Forget, rangea le salon, puis il partit de son côté.

Eveline supporta assez bien la voiture, et s'aida de tout son courage, qui était réel, pour ne pas inquiéter Olympe, dont la présence d'esprit, elle le sentait bien, lui était nécessaire.

A un quart de lieue de Puy-Verdon, Olympe parla à Flavien et lui fit quitter le chemin pour prendre un détour, moyennant lequel ils arrivèrent à une entrée peu fréquentée du parc, assez loin du château. Ils avaient rencontré beaucoup de gens sur les chemins à cause du dimanche et de l'heure de la messe. Mais on avait vu Flavien ramenant une voiture de la maison, et cela ne donnait pas lieu à de grands commentaires. La voiture fermée fut jugée vide. On se borna à dire : « Ces messieurs ! ça aime à se servir de cochers à eux-mêmes. » Un esprit fort hasarda cette réflexion : « Ça aime mieux nourrir trop de chevaux qu'assez de domestiques. »

Dans le parc, nos voyageurs trouvèrent enfin la solitude. Olympe explora de l'œil les allées sinueuses qu'elle fit prendre à son guide et le dirigea vers une enceinte de rochers qui formait une grotte naturelle très ombragée d'arbres touffus. Là, après s'être encore assurés qu'ils ne pouvaient être observés, elle aida Flavien à déposer Eveline sur le gazon.

— Restons ici, ma chère enfant, lui dit-elle, M. de Saulges va rentrer au château avec la voiture ; il ne jettera pas trop l'alarme, mais il dira d'un air assez inquiet que, revenant avec moi de cette promenade, nous vous avons trouvée ici, blessée, et nous appelant à votre secours. Il fera apporter un brancart, il enverra chercher le médecin et le chirurgien ; je constaterai que je vous ai trouvée ici, tombée de ces rochers où vous avez voulu grimper ; je dirai que c'est moi qui vous avais donné hier l'idée de mettre ce costume pour aller surprendre et intriguer, à son réveil, Caroline, dont c'est justement l'anniversaire. Vous ajouterez que vous vous êtes déguisée ainsi de grand matin en ayant soin de ne vous faire voir à personne ; que vous alliez cueillir vous-même votre bouquet de fête dans le parc, que vous avez voulu atteindre... tenez ! ces gentianes qui poussent là sur les rochers. — Quelle heure est-il, monsieur de Saulges ?

— Neuf heures, dit Flavien.

— Eh bien! vous avez été évanouie deux heures à cette place, dit Olympe à Eveline, vous êtes restée ensuite une heure sans pouvoir bouger et sans voir approcher personne.

— Et ce pansement que j'ai au pied? dit Eveline, il faut vite me l'ôter.

— Non, dit Olympe, c'est moi qui viens de le faire. — M. de Saulges, donnez-moi la pharmacie qui est dans la voiture, mettez-la par terre à côté de moi, et allez vite au château.

Flavien obéit, admirant l'esprit des femmes.

— En fait de ruses, se dit-il, la plus

austère n'est pas plus maladroite qu'une autre dans l'occasion ; si elle n'en use pas pour elle-même, elle n'en a pas moins un arsenal en réserve au profit des autres. Ah! l'esprit de corps! Mais à qui la faute? Nous voulons dans le monde qu'elles aient plus de soin de leur réputation que de leur vertu. Amants, nous les voulons pures du blâme d'autrui ; époux, nous leur pardonnons l'infidélité réelle plus volontiers que le scandale de l'apparence. Aussi la réputation d'une femme est-elle quelque chose de si terrible à garder, que la plus vertueuse d'entre toutes ne se fera pas de scrupule de préserver celle d'une amie au prix de mille mensonges et de la comédie la mieux jouée.

Une heure après, Éveline était dans son lit, entourée des tendres soins d'Olympe, de Benjamine et de Grondette. L'opération avait été pratiquée avec succès. Le joli pied était sauvé. Seulement il était condamné à des semaines d'inaction, qui déjà, en dépit de l'accablement de la souffrance, tourmentaient l'imagination de l'impatiente *patiente;* c'était le bon mot du chirurgien, qui essayait de la faire sourire et la consolait très à propos en louant le courage qu'elle avait montré.

Toute la maison acceptait sans méfiance l'explication donnée, excepté Crésus, qui trouvait dans tout cela quelque chose d'extraordinaire, mais qui n'osait faire part de ses idées à personne, et Nathalie, qui était beaucoup plus frappée de la promenade matinale d'Olympe avec Flavien que de l'accident arrivé à sa sœur.

Thierray et Flavien voulurent partir, aussitôt après l'opération, pour la ferme des Rivets, afin de préparer Dutertre à apprendre l'accident arrivé à sa fille, et de pouvoir lui donner en même temps de bonnes nouvelles de son état. Mais Éveline, à qui Olympe fit part de cette résolution, s'y opposa avec énergie.

— Que vont-ils faire là tous les deux ! s'écria-t-elle. C'est mettre mon père sur la voie de tout découvrir. Et d'ailleurs, je connais Thierray, il dira tout, pour peu que mon père l'interroge. M. de Saulges est encore pire pour la franchise. Ils croient que le mieux, c'est de confesser les choses telles qu'elles sont. Or, dites-leur, Olympe, qu'ils n'ont pas le droit de faire ma propre confession, et que je le leur dénie absolument. Si mon père découvre la vérité, il sera temps de presser notre mariage. S'il ne la sait jamais, comme vous me l'avez fait espérer, comme vous me l'avez promis, M. Thierray m'épousera librement et pourra m'aimer, tandis qu'il me haïra, n'en doutez pas, s'il m'épouse par cas de force majeure.

— Hélas! êtes-vous si peu sûre de ses sentiments? dit Olympe, navrée de ce qu'elle entendait.

— Oui, oui, je vous entends, chère amie, reprit Eveline. Vous ne concevez pas que j'aie ainsi couru après un homme qui me fuyait? La sottise est accomplie; je la paie cher et je m'en repens de reste. Il n'est donc pas besoin de me la faire sentir.

— Non, non! calmez-vous, ma fille

chérie, dit Olympe; je ne songe point à cela. Je ferai votre volonté, et j'espère que tout s'arrangera pour votre bonheur.

— Jurez-moi encore que vous ne direz rien à mon père, reprit Eveline; jurez-le moi bien, et je serai tranquille.

— Je vous le jure, ma chère enfant. J'ai presque surpris votre secret; je n'ai pas le droit d'en disposer.

— A la bonne heure! Oh! je vous aimerai, Olympe, et je réparerai tous mes torts envers vous. A présent, donnez-moi de quoi écrire. Je veux moi-même avertir mon père, afin qu'il ne s'inquiète pas. Nous lui enverrons Crésus, qui ne se laissera pas tirer les vers du nez sur le passé, il y est trop intéressé, et renvoyez vite Thierray et son ami à Mont-Revêche. Il est inutile que mon père les voie aujourd'hui.

Il fallut obéir à Eveline, dont la souffrance et le chagrin n'avaient point abattu la volonté. Elle écrivit à Dutertre :

« Cher père bien aimé,

« Je viens de me donner une entorse. Si on vous dit que j'ai une jambe cassée, n'en croyez rien. Je dors, je bois, je mange, et je vous attends ce soir pour être raillée de ma maladresse à grimper sur les petits rochers du parc. Ma bonne petite mère me soigne comme si cela en valait la peine. Benjamine pleure comme si elle avait perdu un serin, et Grondette me gronde. Moi, je ris et vous embrasse de toute mon âme.

« Votre Eveline. »

Flavien allait se retirer avec Thierray, il était même déjà dans le jardin, allumant son cigare, tandis qu'Olympe, restée sur le perron avec Thierray, entretenait celui-ci des volontés d'Eveline, lorsque Nathalie s'approcha de Flavien et noua la conversation avec lui. L'accident de la matinée avait causé trop de bouleversement dans les habitudes de la maison pour qu'elle eût trouvé le moment de lui parler.

— Dieu merci! Eveline est aussi bien que possible, lui dit-elle. Nous vous devons de la reconnaissance, monsieur; car sans vous, elle eût pu rester longtemps seule dans le parc et privée de secours.

— Sans moi? dit Flavien, étonné de l'à-propos.

— Oui, sans l'idée que vous avez eue

d'emmener ce matin ma belle-mère à la promenade et de la ramener par les endroits les moins fréquentés et les mieux ombragés du parc, vous n'eussiez point trouvé notre pauvre Eveline dans ces rochers.

Flavien sentit le fiel de l'insinuation et se tint en garde.

— C'est, en effet, un hasard bien heureux, dit-il, que j'aie mal connu les chemins et que j'aie presque égaré madame Dutertre en voulant la ramener par le plus court.

— Ah! elle ne vous le disait donc pas? Elle était à même de vous avertir, pourtant; elle connaît les allées du parc, elle !

— Je crois que madame Dutertre s'était endormie dans la voiture.

— Vous avez donc fait une bien longue course?

— Assez longue, précisément.

— Du côté de Mont-Revêche, à ce qu'il paraît?

— Est-ce que cela vous intéresse beaucoup, mademoiselle? Voici madame votre mère, qui vous le dira mieux que moi; car je ne connais le pays que de vue, et il me serait difficile de vous en tracer la géographie.

Thierray vint les rejoindre. Flavien salua Nathalie en la regardant avec une sévère ironie.

— Je parie que c'est cette méchante fille qui m'a fait faire mille sottises avec ses damnés bouquets! dit-il à Thierray en s'éloignant. J'aurais dû remarquer qu'ils sentaient la bile. Décidément, je comprends pourquoi madame Dutertre est malheureuse, en dépit de l'amour de son mari.

Nathalie s'était attachée aux pas d'Olympe. Au moment où celle-ci rentrait dans le salon pour retourner auprès d'Eveline, elle l'y avait rejoint et lui demandait, avec une étrange audace de haine, où elle avait passé la matinée en tête-à-tête avec M. de Saulges.

La colère qui l'emportait lui fit manquer son but. Olympe ne se déconcerta pas, ne chercha pas de prétextes, et, se voyant heurter de front, répondit avec dignité :

— Ma chère enfant, je ne comprends pas pourquoi vous me faites une question si peu intéressante, quand je n'ai pas un instant à perdre loin de votre sœur, qui souffre !

Et elle s'éloigna sans écouter les sourdes invectives qui grondaient dans la poitrine de sa rivale.

Nathalie, restée seule, pleura des larmes de rage. Elle se sentait éprise de Flavien avec une intensité qui était comme un châtiment de Dieu prononcé sur elle ; car Flavien la haïssait, et elle le voyait bien.

Cependant Crésus arrivait à la ferme des Rivets, cherchait M. Dutertre dans la campagne et lui remettait la lettre d'Eveline.

— Je crains qu'on ne me trompe pour me rassurer, dit-il en pâlissant, après l'avoir lue. Pour un léger accident, on ne m'enverrait pas un exprès, on ne m'écrirait pas soi-même. Crésus, ma fille est tombée de cheval?

— Non, monsieur, dit Crésus triomphant. Elle n'y a pas monté d'aujourd'hui.

— N'importe! dit Dutertre, en qui les entrailles paternelles produisirent comme une vague divination, je suis sûr que ma fille a fait une chute affreuse! je le sens dans tout mon corps!

— Allons, monsieur, reprit Crésus, qui était fier de sa mission, voilà que vous vous tourmentez trop. C'est ce que madame avait peur. Aussi elle m'a dit comme ça : « Si tu vois monsieur tranquille, tu ne lui diras rien de plus; si tu le vois qui se casse la tête de ça, tu lui donneras ma lettre. » Et la v'là, monsieur, puisque vous vous la cassez, la tête !

Olympe écrivait à son mari : « Je ne veux pas vous tromper, mon ami, votre arrivée ici en serait plus pénible. C'est plus qu'une entorse, c'est une luxation. Mais tout est réparé par les soins du bon Martel. Éveline ne souffre presque plus ; elle n'a aucun autre mal ; c'est de l'ennui pour elle, parce qu'il faudra du repos, mais vous ne devez prendre aucune inquiétude. Croyez-en celle qui ne vous a jamais menti. »

Olympe avait écrit avec effusion cette dernière phrase, partie de son cœur et de sa conscience. Et puis, tout en cachetant sa lettre, elle avait été épouvantée à l'idée que bientôt, pour complaire à Éveline, il lui faudrait mentir beaucoup pour la première fois de sa vie.

V

V

Dutertre, plus rassuré par la lettre d'Olympe que par celle d'Éveline, partit cependant à l'instant même pour son château. Il trouva Éveline aussi bien que possible après les émotions et les souffrances qu'elle avait endurées Il était

venu vite, sans faire aucune question à
Crésus, ne voulant s'en rapporter qu'au
témoignage de sa femme. Benjamine,
qui avait couru au devant de lui, avait
succinctement raconté l'histoire inventée par Olympe et à laquelle l'enfant
ajoutait une foi entière. Cette histoire
était si simple et si vraisemblable, que
Dutertre n'insista pas sur les détails. Soit
par oubli, soit par un de ces profonds
instincts de délicate prudence qui couvaient dans l'âme dévouée de Benjamine, elle n'avait parlé ni de Thierray,
ni de M. de Saulges. — C'est maman,
avait-elle dit simplement, qui a trouvé
ma pauvre petite sœur dans les rochers

du parc. — Si bien que Dutertre embrassa sa fille et sa femme sans leur faire ces questions oiseuses qui ne réparent pas les accidents. Il s'occupa seulement d'interroger le médecin et le chirurgien qui répondirent de la malade. Dutertre, à qui la crainte du tétanos se présenta, demanda si la chute avait été faite de haut, avec violence et dans des circonstances effrayantes. Éveline se hâta de répondre qu'elle n'était tombée que de sa hauteur et que son pied avait porté à faux.

Dutertre, aussi tranquillisé que possible, descendit pour dîner avec Nathalie et les deux Esculapes campagnards, qui étaient des amis fidèles de la maison et des hommes instruits, surtout Blondeau le médecin. Ils le quittèrent au dessert pour voir leur malade et faire quelques courses avant la nuit, car Dutertre leur avait fait promettre de coucher au château, dans la crainte d'un accident imprévu dans l'état de sa fille.

Nathalie n'avait qu'un instant pour se venger d'Olympe, pendant que son père prenait son café. Elle mit le temps à profit.

— Vous a-t-on dit, au milieu de tout cela, dit-elle, que le barbare et fantasque Thierray était enfin revenu?

— Ah! dit Dutertre. Tant mieux! Eveline l'a-t-elle su?

— Elle l'a même vu, car c'est lui qui a aidé à la rapporter du parc sur un brancard avec *l'autre*.

L'autre ne frappa point Dutertre. Il ne pensait qu'à Eveline.

— Eh bien! dit-il, lorsqu'il l'a vue ainsi, cette pauvre enfant, a-t-il montré de l'émotion, de l'attachement? Étais-tu présente?

— Oui, mon père, M. Thierray a été aussi désespéré qu'il convenait à votre futur gendre de l'être.

— Et cela a consolé un peu Eveline,

je suppose? Sait-on maintenant pourquoi il est resté toute une semaine sans venir nous voir?

— Non, pas précisément. Moi, je suppose que c'est la présence de son ami à Mont-Revèche qui l'aura retenu.

— Quel ami? dit Dutertre, à qui passa un frisson dans les veines.

— Eh bien! M. de Saulges, répondit Nathalie d'un ton d'indifférence.

— Il est à Mont-Revèche? demanda Dutertre, en s'efforçant de montrer le même calme.

— Sans doute, puisqu'il est venu ici ce matin.

— Ici ?

— Est-ce qu'Olympe ne vous a pas dit qu'ils étaient rentrés ensemble ? C'est singulier !

— Qui, ensemble ? M. de Saulges avec Thierray ?

— Vraiment, vos questions m'étonnent, mon père, et me font craindre d'avoir dit quelque sottise. Que votre femme est une personne singulière avec ses cachotteries ! Puis-je deviner qu'elle vous fait mystère des choses les plus simples ?

— Ma femme ne me fait mystère de rien, Nathalie, dit Dutertre avec fermeté, et moi je ne lui fais même pas de questions.

— Ah! fit Nathalie avec nonchalance. Peut-être avez-vous raison, mon père!

Et elle sortit brusquement : le coup était porté. Un trouble mortel s'empara de Dutertre ; ses genoux tremblaient. Il ne se sentit pas la force de monter à la chambre d'Eveline où était Olympe, et il attendit que les médecins fussent redescendus.

— Elle va à merveille, cette chère petite, dit le vieux Martel, le chirurgien, qui avait vu naître Eveline. Je vous assure que vous pouvez vous tenir en repos et me laisser aller coucher chez moi. Blondeau vous reste. Si la ligature venait à se déranger, chose impossible, vous m'enverriez chercher; c'est si près d'ici, le hameau de Puy-Verdon!

Martel se dérangeait difficilement de ses habitudes. Blondeau assura que sa présence n'était pas urgente et promit de rester. Dutertre donna la clef des champs au vieux praticien, qui se chargea de passer chez les malades de son confrère.

— D'ailleurs, dit Martel en s'en allant, vous avez ici le meilleur des médecins : c'est votre femme! Savez-vous qu'elle nous fait concurrence? Elle avait fait à

Eveline un premier pansement admirable. Vraiment les femmes d'esprit excellent dans tout et font tout ce qu'elles veulent. J'ai vu, dans les chaumières des pauvres gens, des merveilles de prévision et d'intelligence qu'elle avait faites en attendant ma visite.

— Oui, dit Dutertre, quoique d'une santé assez délicate elle-même, elle s'occupe beaucoup de la santé des autres ; — et entraîné par une aveugle fatalité à chercher le mot de l'énigme de Nathalie, il ajouta : — Elle sort quelquefois avec le jour, pour porter assistance aux pauvres.

— Parbleu! reprit Martel, elle était tevée ce matin plus tôt que moi, car quand j'ai fait ma tournée dans le village, elle y avait déjà passé.

— Ah! elle est sortie ce matin? dit Dutertre, rusant malgré lui et jouant l'indifférence.

— Bon! dit Martel très-innocemment; quand elle a trouvé ce matin Eveline dans le parc sur les neuf heures, elle avait déjà fait sa grande tournée, elle! Oh! c'est un grand cœur que madame Dutertre! Tout pour les autres, rien pour elle-même! Mais si je vous parlais d'elle, je ne m'en irais pas. Bonsoir.

Et Martel s'en alla, laissant Dutertre rongé d'une funeste curiosité.

— Votre femme est une sainte! dit à son tour Blondeau. Mais elle ne se ménage pas assez. Elle est délicate et se fatigue au-delà de ses forces.

— Oui, n'est-ce pas? dit vivement Dutertre. Je suis sûr qu'elle est exténuée aujourd'hui! Sortie depuis la pointe du jour! Où a-t-elle été, ce matin?

— Je n'en sais rien, répondit Blondeau, qui remarqua le trouble de Dutertre avec une grande surprise.

— Elle a été à Mont-Revêche, dit Nathalie, qui était rentrée à pas de loup et qui fit semblant de venir chercher sa broderie sur la table.

Dutertre reçut ce coup avec impassibilité, comme s'il s'y fût attendu.

—Ah! dit-il, est-ce que la pauvre vieille Manette serait malade? Ma femme a beaucoup de bontés pour elle : c'est une honnête créature.

— Je crois que mademoiselle Nathalie se trompe, dit Biondeau, qui, sans comprendre, voyait un drame domestique se dérouler sous ses yeux. Il connaissait Nathalie, il était pénétrant. Il sentait sa propre intervention nécessaire, sans trop savoir encore sur quel point elle devait porter. Je ne pense pas que madame Dutertre ait eu occasion d'aller ces jours-ci à Mont-Revêche, ajouta-t-il en voyant que son doute soulageait Dutertre.

— Moi, je sais qu'elle y a été, reprit l'impitoyable Nathalie. Quel mal y aurait-il? Probablement, il y avait des malades. Si ce n'est la vieille Manette, ce pouvait être le vieux Gervais.

— Comment le sauriez-vous donc? dit Dutertre, perdant ses forces. Est-ce que vous auriez des espions dans la campagne?

Et il essaya un sourire d'enjouement qui fut plein d'amertume.

— Eh! mon Dieu! la campagne est semée d'espions tout aussi peu curieux, tout aussi peu médisants que moi, dit Natha-

lie d'un ton léger. Un de vos nouveaux
fermiers de Mont-Revêche, puisque la
ferme vous appartient à présent, mon
père, est venu tantôt pour nous offrir un
cadeau de gibier, que j'ai dû recevoir,
ma belle-mère étant occupée auprès d'E-
veline. Ce bonhomme m'a demandé naïvement si c'était moi qui avais été ce
matin à Mont-Revêche, parce qu'il avait
vu la calèche blanche à stores bleus
monter la côte et entrer dans le castel,
conduite par M. de Saulges sur le siège.
Cela vous prouve que les paysans n'en-
tendent pas malice aux relations et aux
démarches des gens dont ils ne comprennent pas les usages. Or, comme moi

je ne suis pas médecin et que je ne vais pas à Mont-Revêche; comme Olympe a eu soin de faire dire ici à sept heures, en y renvoyant Crésus, qu'elle partait du village de Puy-Verdon avec M. de Saulges pour voir des malades; comme elle est rentrée dans cette même calèche à neuf heures avec M. de Saulges, je trouve tout naturel qu'elle ait été chez lui, avec lui, pour soigner *son pauvre monde.*

— A la bonne heure! dit Dutertre du ton d'un homme condamné à la torture, qui, à force de souffrir, ne sent plus la souffrance; — c'est que les vieux serviteurs de la chanoinesse sont malades!

— Dangereusement, à coup sûr, dit

Blondeau, qui ne savait plus que dire. J'irai les voir demain matin.

— Olympe ne vous a point parlé d'eux? dit Nathalie, qui sentait que la présence d'un tiers empêcherait son père de lui imposer silence.

— Si fait, dit Blondeau, je crois qu'elle m'a dit quelque chose comme cela. Mais j'étais si troublé de l'accident d'Eveline....

— Sans doute, sans doute! dit Dutertre en se levant avec effort du fauteuil sur lequel il s'était affaissé comme un paralytique. Allons donc la voir, cette pauvre Eveline. Nous l'oublions pour parler de choses oiseuses.

Il monta chez sa fille, suivi de Blondeau. Grondette vint à sa rencontre.

— N'entrez pas, monsieur, lui dit-elle. Ma diablesse dort, elle dort très bien; et, tenez, la petite aussi fait déjà son somme, ajouta-t-elle en entrebâillant la porte et en montrant Caroline assise et assoupie au coin du lit de sa sœur.

— Est-ce que cette enfant va veiller? dit Dutertre.

— Non, non, monsieur, c'est madame qui veut veiller. Elle a été prendre sa coiffe et sa robe de chambre pour passer la nuit; elle renverra la petite sitôt qu'elle reviendra. Moi, je resterai là aussi, soyez tranquille.

— Non pas, Grondette; mettez un lit de sangle pour vous dans cette pièce, pour qu'on puisse vous appeler au besoin. C'est moi qui veillerai ma fille.

— Vous ferez bien, dit Blondeau, madame Dutertre n'est pas de force à passer les nuits, ne le souffrez pas.

Blondeau, en apprenant d'Amédée qu'il avait révélé à son oncle la maladie nerveuse d'Olympe, s'en était expliqué avec Dutertre. Blondeau n'avait jamais cru Olympe dangereusement malade, surtout depuis les quelques jours où la méchanceté de Nathalie s'étant engourdie, madame Dutertre avait paru subitement refleurir. Il avait passé ensuite quelques autres jours sans la voir. Au milieu de l'accident d'Eveline, il n'avait pas été surpris de la voir pâle et bouleversée. Mais il crut devoir réveiller les inquiétudes de Dutertre, car il pressentait un orage inouï dans les fastes de cette union jusque-là si paisible et si tendre. Il se confirma dans cette opinion en notant le silence de Dutertre, qui, à l'ordinaire, l'accablait de questions sur ce sujet, et qui parut à peine l'avoir entendu.

Dutertre descendit, traversa la maison et se rendit par l'intérieur à ses appartements. Blondeau ne voulut pas le suivre, mais il alla au jardin et marcha sur la pelouse à portée, non pas d'entendre une discussion conjugale, mais d'offrir secours et consolation au besoin. Il a dit depuis qu'il s'était senti ce soir-là oppressé d'un pressentiment étrange tout à fait insolite dans son caractère calme et dans son esprit enjoué.

Blondeau n'était pas d'ailleurs complètement dépourvu de la curiosité qui atteint jusqu'aux plus sages natures dans la vie de province. Il ruminait donc ce qu'il venait de voir et d'entendre. Comment diable, se disait-il, Dutertre, qui n'a jamais eu de sa femme l'ombre d'un sujet de jalousie, s'avise-t-il, après huit ans de parfait amour, dont quatre ans de mariage modèle, d'être jaloux à ce point? Qu'est-ce que ça lui fait que sa femme soit conduite en voiture par M. de Saulges, quand il la laisse depuis deux ans dans une sorte de tête-à-tête avec Amédée et jouissant d'une liberté illimitée, privilège des honnêtes femmes incapables d'en abuser? Quel mal peut-on faire dans une voiture quand la femme est au fond et l'homme sur le siége? Est-ce une manière commode pour causer? Mieux vaudrait se promener bras dessus bras dessous dans les bois, et même dans les allées de ce parc, qui sont beaucoup plus mystérieuses, à mon avis. Est-ce que dans les promenades de famille, dans les chasses, dans les courses quelconques auxquelles on se livre ici aux vacances, Dutertre n'a pas vu dix fois sa femme accompagnée tantôt par l'un, tantôt par l'autre? Est ce qu'elle ne pourrait pas, fort naturellement et fort innocemment, prendre dans sa voiture M. de Saulges ou M. Thierray, qui sont peut-être tous deux des gendres postulants, pour causer avec eux de quelque projet de mariage, ou, en effet, pour aller voir avec eux des indigents et des infirmes? Je trouve un peu singulier qu'elle ait été précisément pour cela à Mont-Revêche en personne, au lieu de m'y envoyer. Mais, que diable! il y a quelque raison fort simple à cela, que la mauvaise pièce de Nathalie ne nous dit pas, et qui s'expliquera demain, comme s'expliquent toutes les choses de ce monde quand on se donne la peine d'attendre pour juger. Madame Dutertre se croit protégée de tout soupçon par sa vertu même. Elle en a bien le droit, mais elle n'en a pas moins tort, à ce qu'il paraît, puisque dans sa propre maison elle trouve la malveillance et la calomnie. Allons! de tous les mariages que j'ai vus, le meilleur ne vaut pas grand'chose!

Il va sans dire que Blondeau était un vieux garçon.

Cependant Dutertre était entré dans

la chambre de sa femme. Elle avait mis une robe de chambre grise et roulé ses magnifiques cheveux noirs sous une coiffe de batiste. Elle avait l'air d'une religieuse. Elle avait le calme, la douceur, l'expression chaste et grave d'une vierge d'Holbein. Elle priait, car Olympe, Italienne et catholique, n'avait jamais manqué aux pratiques de sa religion d'enfance, même dans le temps où elle se destinait au théâtre. Dutertre respectait la simplicité de son cœur et ne la dérangeait jamais de ses prières. En ce moment, il les imputa presque à hypocrisie, et fut tenté de les interrompre. Il ne l'osa pas. On ne passe pas, en un instant, du respect sans bornes au doute et à la colère. Il attendit avec impatience qu'elle eût fini, en se promenant de long en large dans la chambre voisine, qui était la sienne.

Olympe entendit le bruit nerveux de ses pas, et comprit qu'il était agité. Elle se recueillit un instant pour élever son âme à Dieu une dernière fois, et alla vers lui.

— Est-ce que notre fille est plus mal? lui dit-elle avec effroi en voyant son air sombre.

— Il ne s'agit pas de ma fille, répondit Dutertre, il s'agit de moi. Olympe, je me sens très mal, je souffre beaucoup.

J'ai un chagrin mortel, j'ai résolu de vous le dire avec franchise, parce qu'il dépend peut-être de vous de faire cesser, d'un seul mot, cette angoisse, et, si vous m'aimez encore, vous n'hésiterez pas à me le dire.

— Si je vous aime *encore ?* dit Olympe éperdue.

Elle ne put rien ajouter, il lui sembla que la foudre venait de tomber sur elle.

— Eh bien, oui ! ma femme, il me semble que vous ne m'aimez plus.

— Pour dire une telle parole pour la première fois, ô mon Dieu ! il faut n'aimer plus soi-même ! répondit Olympe qui sentit comme une main glacée se poser sur ses épaules. Pourquoi me dites-vous cela ? Que vous ai-je fait pour me tuer comme cela tout d'un coup ?

Ce cri, parti des profondeurs de l'âme, fit frissonner Dutertre.

— Oui, c'est un rêve affreux que je fais ! s'écria-t-il en lui prenant les mains. Délivre-moi de ce supplice, parle vite, réponds-moi. As-tu rencontré, ce matin, M. de Saulges chez tes malades ?

— Oui, mon ami, répondit Olympe étonnée, et ne pressentant pas la jalousie de son mari.

— Et tu es partie avec lui pour faire une longue promenade, m'a-t-on dit?

— Oui, mon ami, c'est vrai, ne vous l'ai-je pas dit moi-même ?

— Non. Je ne te l'ai pas demandé, dit Dutertre calmé par l'assurance de sa femme. Pourquoi donc cette promenade? Je n'en comprends ni le hasard, ni l'opportunité.

Olympe pensa que Dutertre n'était tourmenté que relativement à Eveline, qu'il pressentait la vérité et qu'il la blâmait d'aider à ce mystère. Il fallait qu'il fût bien irrité contre sa fille pour faire à sa femme un si grand crime de son silence. Elle s'était engagée par serment à garder le secret d'Eveline. A sa grande surprise, elle voyait Dutertre hors de lui. Elle craignit pour la pauvre malade les suites de cette indignation, si elle confirmait par des aveux les soupçons de Dutertre. Elle se résolut à les détourner de son mieux. Dutertre voyant qu'elle hésitait à répondre, réitéra sa question d'un ton plus froid et plus inquiet.

— Je ne comprends pas l'importance de cette demande, dit-elle; M. de Saulges, que je ne savais pas dans le pays et qui vous cherchait, m'a-t-il dit, s'est adressé à moi pour me demander un service, pour me confier le soin d'assister une personne qui l'intéresse... Je l'ai prié de m'y conduire. Ce n'était pas bien loin, mais il m'a ramenée au pas par la traverse... Je crois qu'un des chevaux était boiteux, que je m'étais assoupie dans la voiture, et que M. de Saulges a un peu erré au hasard dans le parc, ce qui heureusement nous a fait rencontrer Eveline.

Olympe avait fait un grand effort pour articuler ces dernières phrases d'expédient. Elle n'eût éprouvé aucune gêne à les dire pour repousser des insinuations malveillantes ou seulement curieuses contre sa belle-fille. Mais mentir à un père si juste et si tendre, à un époux si ardemment aimé, fut pour elle un supplice, et Dutertre n'y fut pas trompé.

— Vous, mentir ! s'écria-t-il, Olympe mentir ! O mon Dieu, combien il faut aimer pour se transformer ainsi du jour au lendemain !

— Aimer ! Je ne comprends plus, dit Olympe saisie de vertige. Non, sur mon salut éternel, je ne comprends plus !

—Ni moi, dit Dutertre, que les accents vrais de sa femme frappaient toujours au cœur. Expliquez-moi donc, Olympe, expliquez-moi tout ! Ne voyez-vous pas que je meurs à vous attendre ainsi ?

— Comment expliquer ce que je n'entends pas moi-même ? reprit Olympe.

Explique-toi le premier, mon ami, et je saurai le moyen de te calmer.

— Eh bien ! dit Dutertre exaspéré, je vous ferai cette mortelle injure de vous interroger. Le ciel m'est témoin que j'ai tout fait pour m'y soustraire, et que c'est vous qui vous y abaissez de vous-même. Pourquoi avez-vous été, ce matin, à Mont-Revêche ? Répondez : cette fois, je l'exige.

VI

VI

Olympe n'avait pu prévoir que son mari serait si vite informé des détails de cette malheureuse affaire. Il n'y a rien de moins questionneur que la confiance absolue, et jamais Dutertre n'avait songé à demander compte a sa femme de l'emploi des heures qu'elle ne passait point auprès de lui. Combien d'autres fois elle avait passé la matinée dehors, soit seule, soit avec Caroline ou Amédée, sans qu'il songeât à faire d'autre question que celle-ci : « Eh bien ! mes enfants, comment vont vos pauvres ? » Les courses n'avaient même pas toujours pour but de porter des soins charitables. C'étaient souvent de simples promenades, et plus d'une fois Olympe avait erré seule dans les bois dont elle aimait l'aspect sauvage et les douces senteurs.

Il est vrai que durant le temps que Dutertre passait auprès d'elle, c'était presque toujours avec lui qu'elle se pro-

menait ; mais elle lui avait souvent écrit :
« Ce matin j'ai parcouru seule les en-
« droits que tu préfères ; quand je ne
« suis pas avec toi, je suis mieux avec
« ton souvenir qu'en toute autre com-
« pagnie. » Et Dutertre ne lui avait jamais dit ni écrit : « Je ne veux pas, je
« n'aime pas que tu sortes seule. »

Ce matin-là, Dutertre ayant été forcément absent, elle n'avait pas fait entrer
dans son plan la précision des explications qu'elle aurait à lui donner. Elle
s'était flattée qu'un concours de circonstances fatales ne viendrait pas tout à
point constater son entrée dans Mont-
Revêche, que huit jours se passeraient

avant que la nécessité de tout dire se présentât, et qu'avant ces huit jours Eveline ou Thierray se seraient confessés, car elle ne voyait pas la nécessité de ce silence prolongé avec Dutertre, et elle ne s'était engagée envers Eveline à le garder que dans la crainte de provoquer en elle, par sa résistance, un de ces accès de fièvre mortelle qui suivent parfois les chutes violentes.

Si Dutertre n'eût été en proie à une jalousie terrible, dont Olympe n'admettait pas la pensée, il ne lui eût pas semblé si irrité contre Eveline, et contre elle par contre-coup. Comment pouvait-il l'être contre elle ? Voilà ce qu'elle ne comprenait pas. Aussi resta-t-elle muette devant sa dernière interrogation, faite d'un ton de juge et de maître, ne pensant pas qu'elle dût attirer un orage sur la tête de sa belle-fille, et trahir sa confiance pour s'épargner le blâme d'avoir voulu la sauver.

Elle resta donc pâle, interdite, terrifiée. Il lui semblait que, pour la traiter ainsi à propos de ce qu'elle avait fait, il fallait, ou que Nathalie eût imaginé quelque épouvantable calomnie impossible à prévoir et à combattre, ou que Dutertre fût devenu fou.

Cette dernière idée s'empara d'elle presque complètement lorsqu'elle vit

Dutertre, qui avait la main cachée dans sa poitrine, l'en retirer pleine de lambeaux ensanglantés de sa chemise. Elle fit un cri et s'élança vers lui pour le couvrir de larmes et de baisers, sans s'inquiéter s'il n'allait pas la tuer dans un accès de démence furieuse.

Il la repoussa avec indignation, croyant voir dans cet élan l'épouvante et la supplication d'une femme coupable. Olympe voulait lui parler, lui jurer qu'Eveline était innocente, que, dans tous les cas, Thierray était bien résolu à l'épouser. Devant cette rage et ce désespoir de son mari, elle ne songeait plus à garder ce secret d'Eveline, mais à soulager l'infortuné père de famille de ses craintes pour l'avenir ou le passé.

Elle fit de vains efforts : la parole vint mourir sur ses lèvres. Elle était redevenue trop malade depuis quelques jours, elle avait trop souffert dans cette dernière journée pour surmonter tant d'émotion et de fatigue. Elle n'avait jamais vu son mari irrité contre elle. Il lui sembla que des tenailles lui comprimaient le gosier; elle se débattit, fit entendre des sons inarticulés, et, ne pouvant pas même crier, elle tomba brisée sur un fauteuil.

— Remettez-vous, Olympe, dit Dutertre, qui, de son côté, ne parlait pas sans un violent effort, tant il éprouvait le besoin de rugir de douleur. Je ne vous ferai jamais ni menaces ni reproches. Tout ceci est la faute de ma confiance insensée, de mon optimisme aveugle. Je vous devais plus de surveillance et de protection. Que voulez-vous? je vous croyais la force des anges! je vous croyais plus qu'une femme! Allons, rassurez-vous, vous dis-je. Je n'oublierai pas les devoirs qui me lient envers vous. Je sauverai à tout prix l'honneur de ma famille et ferai respecter le vôtre, comptez-y! Vous serez toujours ma femme et ma fille. Mais, ô mon Dieu, vous n'êtes plus Olympe, vous n'êtes plus ma sainte,

ma divinité, mon souverain bien!...
Vous avez subi quelque violence morale,
je ne sais quelle inexplicable fascination!
Vous en serez vengée, et, après cela,
comptez sur votre ami, qui ne vous
livrera point à la risée publique et qui
vous pardonnera ces huit jours de torture et cet avenir de désespoir, à cause
des huit années de suprême bonheur
que vous m'avez données.

Olympe entendit ces paroles sans les
comprendre. Elle avait le regard fixe, la
bouche contractée, les mains raidies sur
les bras de son fauteuil. Pour qui ne devinait pas le coup mortel qu'elle venait
de recevoir, son attitude pouvait sem-

bler celle de la culpabilité consternée.

Dutertre ne put tenir davantage à cet épouvantable silence, qui lui arrachait son dernier espoir. Jusque-là, sa femme pouvait lui paraître légère ou entraînée; mais il ne suffit pas de quelques heures pour vaincre la vertu d'une femme longtemps pure, et Dutertre pensait que, si Olympe avait laissé son cœur ou son imagination à Mont-Revêche, elle était du moins rentrée avec son honneur à Puy-Verdon. En la voyant muette et comme terrassée sous le poids de sa faute, il perdit sa dernière illusion et s'enfuit au fond du jardin pour y étouffer son désespoir, sa fureur et sa honte.

Au bout d'un quart-d'heure, il rentra dans le boudoir, passa dans son cabinet, y resta quelques instants sans approcher de l'appartement d'Olympe et sortit de nouveau par le jardin. En ce moment, Dutertre était fou.

Blondeau, qui le guettait et qui avait commenté sa première sortie et sa rentrée, l'arrêta sur le perron de la tourelle et lui dit avec décision :

— Qu'y a-t-il, monsieur Dutertre ? Vous me cherchez, sans doute ? Vous paraissez inquiet : votre femme est souffrante ?

— Quelle femme ? Je n'ai plus de

femme! répondit Dutertre avec égarement.

— Malheureux! s'écria Blondeau, qui crut à un drame encore plus tragique. Vous qui n'avez jamais fait que le bien! Eh bien! fuyez, fuyez, sauvez-vous! que je ne sois pas forcé de vous livrer au châtiment!

— Est-ce que vous croyez qu'elle en mourra? dit Dutertre avec un affreux sourire. Oh! que non, docteur, les femmes ne meurent pas pour si peu.

— Où allez-vous? dit Blondeau, qui, en le saisissant, avait senti la crosse de pistolets qu'il cachait sous son manteau.

— Où je vais, mon pauvre docteur! répondit Dutertre, qui semblait sortir d'un rêve pour retomber dans un autre. Je vais regarder les étoiles et respirer un peu dehors. Ayez soin de ma pauvre Eveline, entendez-vous? Je reviendrai bientôt.

Blondeau, pensant qu'il avait des projets de suicide, allait le retenir encore, lorsqu'il lui sembla entendre un gémissement partir de la chambre d'Olympe. Dominé par une préoccupation sinistre, il lâcha Dutertre et monta précipitamment l'escalier. Blondeau s'était trompé. Olympe était toujours muette, assise dans son fauteuil, immobile et froide comme une statue. Au premier moment, le médecin la crut morte. Comme elle ne présentait aucune trace de violence, non plus que l'appartement où elle se trouvait, il se rassura, constata une situation nerveuse cataleptique et redescendit vivement pour appeler Dutertre; mais il ne le trouva plus ni dans la maison, ni dans le jardin. Il appela la femme de chambre d'Olympe, lui défendit de jeter l'alarme à cause d'Eveline qui avait besoin de la plus complète tranquillité d'esprit, et s'occupa activement de ramener Olympe au sentiment de la vie. Elle se ranima, mais sans paraître comprendre ce qui lui était arrivé; sa femme de chambre put la faire coucher, car elle s'aida elle-même machinalement, et quand Blondeau rentra, il essaya de l'interroger; mais Olympe, portant la main à son cou et à son front, lui indiqua ainsi que la voix ne lui était pas revenue et que ses idées étaient confuses.

Nathalie qui, de sa fenêtre, observait le mouvement précipité des lumières dans l'appartement d'Olympe, pressentit quelque évènement et vint doucement écouter dans le boudoir. Elle n'y fut pas longtemps sans rencontrer Blondeau qui allait et venait avec inquiétude.

— Qu'y a-t-il donc? lui dit-elle un peu effrayée. Mon père serait-il malade?

— Votre père, dit brutalement Blondeau, qui vit dans Nathalie l'assassin du bonheur domestique, vous ne savez pas où il est? Eh bien! ni moi non plus, cherchez-le, car, à l'heure qu'il est, il se fait peut-être sauter la tête.

— C'est horrible! s'écria Nathalie, c'est atroce, ce que vous dites là!

— Bah! dit Blondeau, est-ce que cela vous émeut! Est-ce que vous n'avez pas fait votre possible pour que cela arrivât?

— Grand Dieu! reprit Nathalie en proie à une terreur affreuse, mais n'oubliant pas sa haine, c'est cette odieuse femme qui le tue et qui m'acuse!

— Cette odieuse femme, dit Blondeau,

ne vous pèsera pas longtemps, au train dont vous menez sa vie !

— Blondeau, dit Nathalie exaspérée, vous êtes un misérable ! le confident de ses intrigues peut-être ! Mais je vous méprise tous deux. Où est mon père ? cela seul m'intéresse !

— Vous avez réussi à rendre votre père absurde et méchant pendant une heure, dit Blondeau en haussant les épaules devant les accusations de Nathalie. Cherchez-le, vous dis-je, et tâchez de le détromper. C'est tout ce que vous avez à faire, si vous en êtes capable.

Nathalie épouvantée allait sortir, lorsque Crésus arriva.

— Que voulez-vous? lui demanda Blondeau du ton de brusque autorité que prend à bon droit le médecin dans les orages de famille.

— Je venais parler à madame, de la part de monsieur, dit Crésus.

— Dites-moi ce que vous veniez lui dire? reprit Blondeau avec un redoublement d'autorité, devant lequel le groom obéit instinctivement.

— Monsieur vient de monter à cheval, dit-il, il n'a jamais voulu que je le suive. Il m'a donné ça pour madame. — Il montrait un billet qu'il hésitait à remettre à Blondeau, Dutertre lui ayant probablement ordonné de le remettre à

Olympe elle-même ; mais Blondeau prit le billet, l'ouvrit sans façon, l'approcha d'une bougie et lut tout bas : « Olympe, « vous pouvez reposer tranquillement « cette nuit, ne vous rendez pas malade. « Je vous reverrai demain matin. » C'est bien, dit-il à Crésus, vous pouvez aller vous coucher. Crésus sortit.

— Qu'y a-t-il dans ce billet? dit Nathalie, je veux le savoir.

— Il y a, répondit Blondeau, que vous pouvez aller vous coucher aussi, vous avez assez fait de mal pour aujourd'hui.

— Mon père n'est pas en danger?

— En danger? dit Blondeau, on est toujours en danger, quand on va se battre au pistolet, et je jurerais que M. Dutertre est à cette heure-ci sur la route de Mont-Revêche.

— Il va se battre avec M. de Saulges ! s'écria Nathalie ; comme cela ? tout d'un coup ? sans rien éclaircir ? sur un doute qui ne fait que d'entrer dans son esprit ! mais quelle atroce passion a-t-il donc pour cette femme ?

— Il a la passion de l'amour, comme vous avez celle de la haine.

— Mon Dieu, mon Dieu, que faire ! dit Nathalie en se tordant les bras, sourde qu'elle était devenue aux injures de Blondeau.

— Il n'y a rien à faire, dit celui-ci,

qu'à vous retirer chez vous et à passer une mauvaise nuit que vous n'aurez pas volée. Ah! si fait, attendez... mais cela ne vous regarde pas.

Il alla donner quelques ordres et revint. Il trouva Nathalie qui montait l'escalier d'Olympe. Il la saisit par le bras et la fit redescendre avec autorité. — Non, lui dit-il, les malades me sont confiées, et vous n'irez pas me tuer celle-là. J'en réponds devant Dieu. Si vous voulez absolument tuer quelqu'un, jetez l'alarme dans la maison, réveillez Eveline en sursaut, dites-lui ce qui se passe, elle aura un accès de fièvre cérébrale, et, dans trente-six heures, elle sera morte.

Blondeau ne savait pas toute la profondeur du caractère de Nathalie. Il la savait bilieuse, jalouse de son père et médisante en général. Il regardait comme un devoir de sa position d'ami et de médecin de la famille de lui donner une rude leçon, pensant qu'il la corrigerait, ou que, du moins, il arrêterait pendant quelques jours l'effet des paroles empoisonnées qui portaient le désordre physique et moral dans la famille.

C'était raisonner logiquement. Nathalie, qui eût lutté contre une critique plus ménagée et plus douce de formes, fut écrasée par cette brutalité paternelle. Il est des caractères que la douceur rend ingrats, que la patience irrite, et qui céderaient à la rigueur. Il faut le dire et le croire à l'honneur de la nature humaine : la méchanceté ne donne pas de force véritable.

Si Dutertre eût procédé comme Blondeau, Nathalie, sans être plus tendre, eût été plus inoffensive. Elle se sentit brisée par cette parole rude, par ce mépris, dans la bouche d'un homme vieux, laid et de manières assez communes, qu'elle avait toujours regardé comme un subalterne et qui la mettait sans façon sous ses pieds. Elle se trouva complètement humiliée pour la première fois de sa vie, et, tout aussitôt, non par une anomalie, mais par une conséquence de son caractère arrogant et de son esprit faible, elle s'humilia.

— Blondeau, mon cher Blondeau, s'écria-t-elle en fondant en larmes, c'est vous qui tuez ici, et c'est moi qui suis immolée ! Je l'ai mérité peut-être, mais ayez pitié de moi ! Dites-moi ce qu'il faut faire pour ramener mon pauvre père, pour l'empêcher de se battre ou de se suicider, car vous m'avez mis des terreurs atroces dans le cerveau, et je crois que je deviens folle.

— Si je savais ce qu'il faut faire, dit

Blondeau avec plus de douceur, quelque malade que soit sa femme, je ne serais pas ici. Mais, quelle que soit l'intention de votre père, vous le connaissez aussi bien que moi, vous savez qu'aucune force humaine ne peut combattre, en de certains moments, l'énergie de sa volonté. S'il veut se tuer, il s'y prendra de telle façon que personne ne saura où le joindre et que personne peut-être ne pourra jamais constater son genre de mort. S'il veut se battre... ma foi! je n'ai jamais vu qu'on pût empêcher un homme de cœur de se battre quand il croit devoir le faire. Pourtant, d'après son billet, j'espère qu'il n'est plus question de tout cela, et que s'il en a eu la pensée, un quart-d'heure de solitude et de réflexion dissipera ces fumées. Il promet de revenir demain matin, et Dutertre n'a jamais rien promis qu'il n'ait tenu. Il est monté à cheval, c'est très bon ; il n'est guère de transport qu'une demi-heure de trot par une nuit froide n'ait forcément calmé. Il y regardera à deux fois, d'ailleurs, avant de faire une esclandre qui transformerait une chose très indifférente en une rumeur publique.

« Calmez-vous donc un peu, et repentez-vous beaucoup, mon enfant. Vous êtes mauvaise, vous abusez de votre esprit, vous êtes jalouse de votre belle-mère, et, en croyant la faire souffrir seule, vous tuez votre père à coups d'épingle. Il est temps de changer de système si vous ne voulez être haïe de tout le monde, et rester vieille fille en dépit de vos vers et de vos écus. On vous gâte ici, on ménage votre amour-propre ; mais moi, je vous dis que vous ne plaisez à personne, et que tout le monde a peur de vous, excepté moi, qui vous ai vu naître et qui me moque de vos malices. Ainsi donc, rentrez en vous-même, changez ; et, dans votre intérêt, si vous ne pouvez pas être bonne, tâchez au moins d'agir comme si vous l'étiez ; ça viendra peut-être par la crainte du monde et par l'habitude, autrement... souvenez-vous de ce que je vous dis!... Le mal que vous ferez retombera sur votre tête, et moi, qui vous aime et vous plains encore, à cause de vos parents, je deviendrai votre ennemi implacable et ferai hautement connaître le serpent qui mord ici tout le monde.

Nathalie, atterrée, sentit profondément, sinon par la conscience, du moins par la peur, la force des raisonnements et des menaces de Blondeau. Elle courba la tête en silence, et il la laissa pour remonter auprès d'Olympe.

Elle était toujours dans le même état, frappée d'une contraction nerveuse qui produisait le mutisme : le battement de son pouls était à peine sensible, celui du cœur était insensible tout à fait. Elle avait les yeux ouverts, fixes, et paraissait réfléchir avec effort. Blondeau lui demanda à quoi elle pensait ; elle fit signe qu'elle n'en savait rien. Il lui demanda si elle était inquiète de quelque chagrin arrivé à son mari. Son sourcil se fronça légèrement, et elle regarda Blondeau avec une sorte d'effroi vague.

— Vous souvenez-vous de quelque chose de semblable ? lui dit-il. — Elle fit signe que non. — Vous comprenez bien et vous entendez bien ce que je vous dis ? — Oui, dit-elle avec la tête. —

Vos yeux voient bien ? Pouvez-vous lire une lettre ? — Elle étendit la main pour la recevoir. Elle lut ce que Dutertre lui écrivait, sourit et fit signe qu'elle allait essayer de dormir. Blondeau lui administra une nouvelle potion, mais elle ne dormit point.

Nathalie entra sans bruit, sur la pointe du pied. Blondeau lui fit signe impérativement de s'éloigner. Elle joignit les mains d'un air suppliant, et s'arrêta avec soumission derrière le lit, d'où Olympe ne pouvait la voir.

Blondeau fut touché du repentir de Nathalie, et, comme toutes les bonnes gens en pareil cas, un peu fier de l'avoir produit.

— Pensez-vous, dit-il à Olympe, avoir à vous plaindre de quelqu'un autour de vous, que vous semblez plongée dans la mélancolie ? Olympe fit signe que non.

— Nathalie est venue demander souvent de nos nouvelles ; ne voudriez-vous pas lui serrer la main avant de vous endormir ?

Olympe étendit sa main décolorée, comme pour recevoir celle de son ennemie.

Nathalie s'élança vers elle, tomba à genoux près de son lit et couvrit de baisers et de larmes cette main qu'elle ne touchait jamais que du bout du doigt avec une impitoyable affectation. Elle était si effrayée de la pâleur et du mutisme d'Olympe, qu'elle sentait qu'elle l'avait tuée, et la terreur du châtiment moral la pliait enfin comme un criminel qui baise le crucifix au pied de l'échafaud.

Olympe parut étonnée de cette effusion et la regarda quelques instants comme pour recueillir ses idées. Puis, des larmes vinrent à ses yeux, elle attira Nathalie vers elle, lui donna un long et maternel baiser au front, se laissa retomber sur son oreiller et s'assoupit enfin avec un divin sourire sur les lèvres. La pauvre femme croyait avoir rêvé toutes les douleurs de sa vie, et toutes les images effrayantes qui flottaient depuis une heure dans son cerveau s'évanouissaient comme des chimères.

VII

VII

Pendant que ces choses se passaient à Puy-Verdon, Dutertre, comme l'avait très bien auguré Blondeau, courait sur le chemin de Mont-Revêche. La nuit était fraîche; la lune, pleine et brillante, éclairait tout les objets distinctement. Dutertre montait un grand et vigoureux cheval noir dont le trot allongé dévorait l'espace. A mi-chemin de Mont-Revêche, dans une clairière marquée d'une croix, il se trouva face à face avec un cavalier qui venait comme à sa rencontre, aussi rapide que lui, et monté sur un beau cheval gris pommelé. C'était Flavien de Saulges.

Les deux chevaux, qui se connaissaient probablement de longue date, s'étaient salués de loin par un hennissement sonore, et en même temps que leurs cavaliers s'abordèrent avec une résolution froide et défiante, ces animaux intelligents allongèrent leurs cous et se touchèrent de leurs naseaux fumants, comme pour se donner un baiser fraternel.

— J'allais vous trouver, monsieur, dit Dutertre, parlant le premier, j'ai affaire à vous.

— Je venais vous trouver aussi, répondit Flavien, et je suis charmé de vous épargner la moitié du chemin.

— Eh bien ! monsieur, reprit Dutertre, l'explication ne sera pas longue, car vous savez ce qui m'amène.

— Parfaitement, monsieur, répliqua Flavien, et me voici complètement à vos ordres.

Flavien était venu dans des intentions beaucoup plus conciliantes que ne le promettait ce début. Mais à l'attitude irritée et à l'accent de provocation glaciale de Dutertre, il sentit tout le feu de son sang et tout l'orgueil de sa race se réveiller, et couper court à toute réflexion.

La place n'était pas mal choisie par le hasard pour un duel. Dutertre était armé pour deux, et la lune fit briller la crosse des pistolets qui garnissaient les fontes de sa selle. Il passa une jambe pour descendre de cheval. Flavien copiant tous ces mouvements avec une méthodique exactitude, passa la jambe aussi. Il s'en voulait à lui-même de se trouver engagé dans une affaire contre laquelle sa conscience s'était révoltée d'avance : « Mais puisque Dutertre le prend ainsi, pensait-il, il n'y a pas moyen de s'entendre. Allons! les explications que je dois à l'honneur de la femme viendront après... pourvu que je ne le tue pas! » Et cette dernière idée causa à Flavien un sentiment d'effroi et de remords, qui se traduisit en lui par une forte disposition à la colère. Heureusement Thierray ne s'était fié ni à la diplomatie, ni à la patience de Flavien. Il avait envoyé louer des chevaux à la ferme et il arrivait. Au moment où les deux adversaires allaient attacher leurs montures à la base de la croix de bois qui marquait le centre de la clairière, deux cavaliers débouchaient d'un sentier ombragé, que l'un avait indiqué à l'autre comme abrégeant la distance et permettant de regagner l'avance prise par M. de Saulges. C'était Thierray suivi de Forget.

— Vous avez amené vos témoins? dit Dutertre d'un ton d'ironie à Flavien, c'est fort bien ; moi, je n'en ai pas, et n'en ai pas besoin.

— Monsieur, répondit Flavien, vous accepterez probablement pour vous M. Thierray qui est notre ami commun, et moi, je me contenterai de mon domestique, qui est un fort honnête homme.

— En sommes-nous déjà là ? dit Thierray, qui, en descendant de cheval, entendit ces dernières paroles. Vous ferez, messieurs, ce que vous voudrez quand j'aurai eu une explication nette et loyale avec M. Dutertre. Mais je suis intéressé dans cette même affaire pour mon propre compte, et je réclame cette explication préalable, je la réclame au nom de l'honneur. Forget, ajouta-t-il en élevant la voix, prenez tous ces chevaux, et éloignez-vous.

Forget sortit de la clairière, attacha aux branches les deux paisibles animaux de la ferme et tint en main les deux autres. Crésus, à sa place, eût fait de son mieux pour écouter ; Forget s'arrangea de manière à ne pas entendre.

Dutertre attendit avec un calme apparent que Flavien repoussât le premier la pensée d'une explication : mais, voyant qu'il gardait le silence, il prit la parole.
—Voici la seconde fois, monsieur Thierray, dit-il, que fort mal à propos, selon moi, vous cherchez à vous immiscer dans une affaire où votre rôle devrait être purement passif. Faites-moi grâce d'explications qui ne peuvent être qu'irritantes pour moi; je n'ai nul besoin, nulle intention d'exposer ici mes griefs, et je n'admets pas qu'on les discute. Je vois que M. de Saulges tient à avoir des témoins, j'accepte les siens, je refuse d'en prendre pour moi, et je suis résolu, s'il

veut retarder l'affaire et m'exposer pour la règle à de honteuses confidences devant des arbitres, à le forcer à se battre séance tenante.

— Ma foi! monsieur, vous n'aurez pas cette peine, dit Flavien en frappant du poing sur le bloc de rocher qui soutenait la croix; Dieu m'est témoin qu'en venant ici, j'avais presque la résolution d'éviter l'affaire; mais, à présent, grâce à vous, je meurs d'envie qu'elle ait lieu au plus vite. C'est assez, Thierray, monsieur est pressé. Nous causerons après, si nous pouvons!

— Quand l'un de vous sera mort ou mourant, il sera trop tard, reprit Thierray avec fermeté. Je sais très bien que si c'est M. de Saulges, M. Dutertre sera vengé, et que son adversaire paiera de bonne grâce la dette du sang pour une simple mauvaise pensée. Mais si c'est M. Dutertre qui succombe, il mourra avec un blasphème sur la conscience et une calomnie sur les lèvres, dont madame Dutertre portera la peine et subira l'outrage tout le reste de sa vie. Je ne souffrirai donc pas, dussé-je avoir affaire à vous deux, qu'un duel ait lieu entre vous avant que l'honneur de madame Dutertre soit sorti pur de cette affaire.

— Taisez-vous, monsieur, taisez-vous!

s'écria Dutertre avec impétuosité ; je ne souffrirai pas, moi, que le nom de ma femme soit prononcé ici une troisième fois.

— Libre à vous, monsieur, d'interdire cet honneur à votre adversaire ; mais ce nom n'est point souillé en passant par mes lèvres. Flavien, éloignez-vous ; je l'exige. Dans dix minutes, vous serez aux ordres de monsieur, et moi aux vôtres à tous deux. Avant tout, donnez-moi la lettre que vous avez sur vous ; si M. Dutertre ne veut pas la lire, il faut au moins qu'elle soit trouvée sur sa poitrine en cas de mort, car c'est la justification éclatante que personne au monde, pas même un mari aveuglé par la jalousie, n'a le droit de refuser à une femme respectable.

— Vous avez raison, dit Flavien oppressé et luttant de toute sa loyauté contre son propre emportement. Dussé-je subir l'outrage de cet homme, je dois réparer le mal que j'ai causé! — Allons, insultez-moi! dit-il à Dutertre d'une voix étouffée par la violence qu'il se faisait à lui-même; dites-moi que j'hésite et recule: ce sera un châtiment beaucoup plus affreux que la mort! — Thierray, ajouta-t-il en s'éloignant par un effort désespéré, si tu n'es pas content de moi aujourd'hui, je ne sais pas de quoi tu le seras jamais !

Il y avait trop de rage et de douleur vraies dans l'accent de Flavien pour que Dutertre, qui se connaissait en bravoure, pût attribuer sa conduite à de lâches motifs.

Il prit en silence la lettre que lui présentait Thierray. — Vous devez, je crois, la lire, monsieur, dit Thierray d'un ton ferme et respectueux à la fois. Elle ne justifie pas mon ami, elle l'accuse au contraire davantage. Il y a donc du courage moral encore plus que du courage physique de sa part à vous l'avoir apportée lui-même et de son propre moument; mais comme elle justifie entièrement une personne...

— Et où prenez-vous, monsieur, que cette personne ait besoin de justification dans ma pensée? Voilà où je trouve inconvenant, blessant pour elle et pour moi le soin que vous voulez prendre de me la faire respecter comme je dois.

— Je n'ai pas cette prétention, monsieur. Mais j'ai été deux fois la cause involontaire et fortuite d'une situation qui peut la compromettre vis-à-vis de juges moins clairvoyants et moins équitables que vous. Je dois vous fournir les moyens de terrasser leur malveillance, puisqu'à vous seul appartient ce droit et ce devoir.

— Eh bien! oui, dit Dutertre, qui commençait à subir l'influence de l'énergie intelligente de Thierray. Oui, dit-il, c'est mon devoir,

Et il ouvrit une lettre d'Olympe à M. de Saulges, datée du lendemain du départ de ce dernier pour Paris.

— C'est, lui dit Thierray en l'arrêtant, la réponse immédiate à une lettre que Flavien, trompé par les maudites fleurs qui jouent un rôle mystérieux dans cette affaire, eut la folie d'écrire en quittant Mont Revêche. Je vous dirai d'abord, je dois, je veux vous dire quelle est la personne qui se servait de ce langage mystérieux, non pour compromettre madame Dutertre, mais pour piquer la curiosité et enflammer l'imagination de mon ami pour son propre compte. Moi seul je le sais, M. de Saulges l'ignore et doit toujours l'ignorer. Un père doit le connaître. Cette personne c'est mademoiselle Nathalie Dutertre.

— Ah! toujours Nathalie! s'écria involontairement Dutertre, et, frappé subitement de l'idée qu'elle avait dû calomnier Olympe jusque dans ses dernières assertions sur les évènements de la matinée, il lut avidement ce qui suit, à la seule clarté de la lune qui étincelait dans la pureté d'un ciel lumineux et froid :

« Tout ce que je peux vous répondre bien vite et bien franchement, monsieur, c'est que je n'y comprends rien, et que je n'ai jamais eu la bizarre pensée de ces fleurs. Si vous partez pour vous soustraire à la mauvaise tentation de m'en attribuer le mérite, vous faites bien et je vous en sais gré. Je ne m'en occuperais pourtant pas au point de m'en défendre, si vous ne me disiez que vous regarderez mon silence comme un aveu et que vous le bénirez peut-être. Ne me bénissez pas, monsieur, je vous estime, mais je ne vous aime pas du tout. Si par mes préoccupations, *étranges*, selon vous, j'ai causé votre illusion à cet égard, je vous demande mille fois pardon d'être d'un caractère distrait, et même je vous dois d'en expliquer toute l'*étrangeté*. Je suis sujette à des malaises nerveux que mon médecin me fait combattre par des calmants. Durant les jours que vous avez passés dans ma famille, il m'est arrivé plusieurs fois de prendre un peu d'opium, plus peut-être que la dose ordinaire. Cela me plongeait dans une sorte d'assoupissement moral qui m'empêchait parfois de voir et d'entendre. Vous me dites que j'ai dû comprendre votre langage de ces jours-là. Eh bien! monsieur, je vous jure sur l'honneur de votre mère, que vous invoquez précisément pour me parler du vôtre, que je n'en ai pas compris un mot, et que, sans votre lettre de ce matin, je ne me doutais pas de cette passion subite dont vous voulez, je crois, me rendre un peu responsable. Permettez-moi de me récuser absolument, et d'espérer qu'elle finira plus vite que les sentiments distingués dont je vous prie d'agréer l'expression.

« Olympe Dutertre. »

La foudroyante tranquillité de cette lettre, certificat de fatuité si poliment accordé à la prière de M. de Saulges, allégea en grande partie les angoisses de

Dutertre. Il sentit même qu'il y avait de la grandeur d'âme de la part de Flavien à produire cette preuve de son inexpérience auprès des femmes vertueuses, et à la produire précisément devant un mari aimé.

Il eut quelques moments de calme silencieux où l'image rayonnante de sa sainte immaculée lui apparut comme une vision bienfaisante; mais bientôt il se rappela l'effroi d'Olympe au seul nom de Mont-Revêche deux heures auparavant, son silence terrible devant les accusations et les reproches dont il l'avait chargée, et il dit à Thierray avec un redoublement de hauteur et de méfiance :

— Qu'avais-je besoin de cette lettre, et pourquoi donc me l'apportait-on, ce soir, en toute hâte?

— Parce que, ce soir seulement, tout à l'heure, répondit Thierray, mon ami et moi avons découvert la sottise que j'ai faite en envoyant, au lieu de mes vers, une malencontreuse lettre de lui à moi, lettre que mademoiselle Nathalie vous a immédiatement montrée.

— Comment le sauriez-vous, si cela était? dit Dutertre.

— Je sais que cela est, parce que le lendemain de cette méprise, je vous abordai... tenez, à peu près à la même place où nous sommes, et me hasardai craintivement à vous demander la main de votre charmante fille Eveline.

— Vous m'avez demandé la main d'Eveline ? dit Dutertre frappé de surprise.

— Oui, et vous ne m'avez pas compris. Vous avez cru que je faisais allusion à la lettre. Vous m'avez répondu assez durement, d'une manière blessante, même. Je n'ai pas compris non plus. Je me suis cru refusé, offensé, et je me suis abstenu de reparaître chez vous. Ce soir seulement, j'ai eu l'explication de votre conduite et je venais vous apporter celle de la mienne. Flavien, qui s'intéresse vivement à mon bonheur, qui s'accusait de l'avoir troublé, a pris les devants. Il ne venait ici que pour vous exposer les motifs de ma retraite et pour vous offrir d'autres explications que tous deux nous avons cru nécessaire de ne pas retarder davantage.

Dutertre sentit tout ce qu'il allait briser dans l'avenir de sa famille et dans le cœur d'Eveline, s'il hésitait à encourager les espérances de Thierray.

— Je vous donne ma fille si vous l'aimez et si elle vous aime, dit-il ; mais, avant tout, je dois un châtiment à l'homme qui a outragé ma femme par ses prétentions, et qui persiste encore sous mes yeux, en dépit de la lettre que vous venez de me faire lire, à la compromettre ouvertement par des assiduités insolentes et des ruses puérilement lâches.

— Nous y voilà, pensa Thierray. Il sait tout ce qui concerne sa femme, il ne sait rien de ce qui concerne sa fille ; j'en étais sûr : il faut tout confesser ou laisser ces deux hommes se couper la gorge. — Monsieur Dutertre, dit-il en lui prenant la main et en la pressant avec effusion, vous venez de me dire des paroles qui me donnent le droit de vous parler, malgré le peu de distance que l'âge a mis entre nous, comme un fils parle à son père.

Dutertre pressa la main de Thierray et essaya un triste sourire.

— Laissez-moi vous interroger, reprit Thierray; vous n'avez plus le droit de me taxer d'inconvenance si je m'intéresse aux secrètes agitations d'une famille que je regarde, dès ce moment, comme la mienne. Je sais fort bien que vous ne pouvez jamais soupçonner ni accuser madame Dutertre, mais vous croyez avoir le droit de condamner mon ami sans appel. Dites-moi ce que vous lui reprochez aujourd'hui en dehors de ses premières extravagances.

— Je lui reproche très sévèrement, Thierray, d'être revenu ici, d'abord ; ensuite, d'avoir guetté et surpris ma femme dans l'exercice des plus saintes fonctions de la charité; d'avoir exploité cette charité, cette pitié de son âme crédule et naïve pour la conduire à Mont-Revêche, sous prétexte, je crois, d'y secourir des malades, et dans le but, certain à mes yeux, de ternir sa réputation par cette démarche. Oui, vos hommes du monde, vos roués de bon ton, ils sont ainsi faits! j'ai eu tort de croire à une exception. Ils savent que la première forteresse d'une femme, c'est sa bonne renommée, et ils la battent en brèche, espérant que perdue aux yeux du monde, elle n'aura plus de motifs sérieux pour se défendre. Ces hommes aimables, ces bons plaisants!.. Oh! je donnerai à celui-ci une leçon qui servira d'exemple aux autres ! Je veux le tuer, Thierray, et je le tuerai, je vous en réponds ! J'aurais honte de moi-même si je reparaissais devant ma femme sans l'avoir vengée !

— Je conçois qu'avec la pensée que vous avez de lui, la vengeance vous soit agréable ; mais il faut y renoncer pour deux motifs : le premier, c'est qu'à partir de la réponse de madame Dutertre que vous avez entre les mains, circonstance qui vous prouve que Flavien ne compte pas se vanter, Flavien n'a absolument rien à se reprocher contre elle ni contre vous. Il s'accuse, il se blâme, il se repent même d'un moment de folie, et, tout en bravant votre ressentiment, comme son naturel bouillant l'y entraîne, il a la mort dans l'âme d'avoir à se battre avec un homme qu'il révère, pour le tort qu'il n'a pas fait à une femme qu'il respecte. Voyons, ami ! ami et père que vous êtes ! ne vous souvenez-vous plus des expressions dont il se servait à propos de vous dans cette malheureuse lettre ? Ne voyez-vous pas le désespoir avec lequel il vous présente sa poitrine ? Vous allez tirer le premier, vous, l'offensé. Je vous jure qu'il tirera en l'air, et que vous serez forcé de l'insulter indignement pour l'amener à faire autrement à la seconde épreuve.

— Vous avez dit que j'avais deux motifs pour m'abstenir de ce duel, dit Dutertre légèrement ébranlé, quel est donc le second ? A-t-il pu emmener ma femme à Mont-Revêche pour un motif plausible ? Il n'en est pas que je puisse admettre, eussiez-vous été vous-même en danger de mort. Ma femme est-elle médecin ? En a-t-elle la science et les devoirs ? Ceci est un jeu cruel que vous devriez m'épargner, Thierray.

— Ce n'est point un jeu cruel, c'est un aveu terrible à vous faire, dit Thierray s'armant de courage. Votre femme était le seul médecin qui pût venir assister et emmener le malade de Mont-Revêche, car ce malade, ce blessé, c'était Eveline.

— Eveline! s'écria Dutertre en prenant son front dans ses mains. Mon Dieu! est-ce que c'est Eveline que vous dites? Est-ce que je suis fou aujourd'hui?

— J'ai dit Eveline, reprit Thierray, que l'épouvante et la douleur du père de famille frappèrent d'un tel respect qu'il n'hésita plus à s'exécuter, dût-il s'en repentir un jour. Oui, Eveline qui m'aimait au point de venir m'arracher au découragement de votre mauvais accueil; Eveline dont la fortune m'effrayait et combattait en moi contre mon amour même; Eveline contre laquelle je m'enfermais, refusant de recevoir ses lettres et d'aller prendre ses ordres; Eveline qui est entrée chez moi, la nuit, par une fenêtre, au risque de sa vie et au prix d'une chute affreuse; Eveline qu serait peut-être en danger de mort si vous lui disiez que je vous ai fait cette révélation; Eveline enfin, dont je craignais la bizarrerie et les caprices, mais qui m'a vaincu par son audace, sa confiance, sa générosité, et qu'à l'heure qu'il est j'aime de toute la puissance de ma volonté.

— Dieu veuille que vous disiez vrai ! dit Dutertre profondément abattu.

— Doutez-vous de ma parole ? s'écria Thierray.

— Non, répondit Dutertre en lui serrant la main. Je doute de la spontanéité de votre inclination pour elle et n'en puis accuser que les défauts de son caractère. Votre résolution est généreuse, Thierray, s'il est vrai que vous n'ayez donné lieu par aucune séduction trop vive à cette extravagante et déplorable entreprise de sa part. Si vous ne l'aimiez pas, je crois que je serais condamné à subir le malheur et à payer la faute d'avoir trop aimé et trop gâté mes enfants. Oui, je serais condamné à refuser le sacrifice de votre liberté, et celui de votre fierté que je sais excessive.

— Je n'attendais pas moins de vous, monsieur Dutertre, dit Thierray en l'embrassant avec admiration ; mais que votre délicatesse se rassure, ma fierté saura se préserver. N'apportant rien à ma femme, je dois exiger que nous soyons mariés sous le régime de la séparation de biens. Quant à mon inclination, elle a été spontanée, car dès le premier jour où j'ai vu Eveline, je n'ai vu qu'elle, et me suis senti absorbé, agité, heureux et malheureux en même temps. Et quant aux séductions que j'aurais pu exercer sur son imagination, certes, j'ai fait mon possible pour lui plaire, sans espérer, sans songer à obtenir d'elle des preuves si marquées de mon bonheur. Mais, si je suis innocent de ses résolutions (et dans le cas contraire ce serait à moi, bien plus qu'à Flavien de vous offrir ma vie), je ne le suis pas de la direction que ses sentiments ont prise, car je les ai provoqués, malgré moi-même autant que possible.

— Merci, Thierray, merci ! Tout ce que vous me dites-là part d'un noble cœur et d'une bonne conscience. Soyez tranquille. J'ignorerai toujours cette aventure ; mais croyez-vous qu'il soit possible qu'on l'ignore dans le public?

— C'est tellement possible que cela est, dit Thierray, qui raconta la première visite d'Eveline sous les traits de madame Hélyette. Convenez, ajouta-t-il en finissant, que l'invraisemblance d'une pareille histoire est une garantie pour qu'on la repousse comme une fable, si quelqu'un s'avisait de la publier. Il expliqua ensuite le motif du retour de Flavien en Nivernais, l'empressement qu'il avait mis à courir chercher Dutertre pour lui déclarer la situation d'Eveline à Mont-Revêche, la rencontre toute fortuite qu'il avait faite d'Olympe, et l'initiative que celle-ci avait prise dans la suite de l'évènement. Il entra enfin dans tous les détails qui complétaient la vérité du fait.

VIII

VIII

Dutertre, assis sur le rocher de la croix, avait écouté avec stupeur le récit de Thierray. Il se leva et lui dit : « Adieu, ami ! je vous remercie, vous m'avez sauvé ! J'ai hâte, à présent, d'aller remercier la femme généreuse et sublime qui s'est exposée aux soupçons et qui a subi en silence mon propre blâme pour sauver l'honneur de ma fille. »

Et, ne se ressouvenant plus de Flavien, il alla pour chercher son cheval.

— Attendez, lui dit Thierray. Ne nous quittons pas sans nous être concertés sur ce que nous devons dire, Flavien et moi, pour expliquer la visite de madame Dutertre à Mont-Revêche. Commandez, afin que notre système ait de l'unité.

— Vous viendrez demain matin à Puy-Verdon, répondit Dutertre, et nous nous concerterons. Quant à M. de Saulges, nous n'avons pas besoin de son concours... car son intention est certainement de partir demain pour Paris? ajouta-t-il en élevant la voix : il avait vu Flavien qui l'attendait, debout et immobile, à l'entrée de la clairière.

— Oui, monsieur, répondit Flavien en se rapprochant aussitôt. Telle est mon intention, si vous n'avez plus rien à me dire.

— J'étais l'offensé, monsieur, répondit Dutertre avec gravité. J'ai le droit de retirer mon initiative. Je suis forcé de la retirer. Un duel entre nous, en ce moment, compromettrait à la fois deux femmes dont la réputation m'est plus sacrée que ma vengeance ne m'est chère. L'avenir me prouvera si je dois poursuivre ou abandonner les projets qui me conduisaient vers vous.

— En tout temps, en tout lieu, vous me trouverez prêt à vous donner satisfaction, dit Flavien.

Ils se saluèrent, et Forget amena leurs chevaux. Au moment où Flavien allait monter sur le sien, il frappa du pied, jura énergiquement et dit à Thierray :

— C'est révoltant d'injustice de me quitter comme cela !

— Pourquoi donc, monsieur ? dit Dutertre, qui était déjà à cheval, et qui l'ayant entendu, revint auprès de lui.

— Parce que, dit brutalement Flavien, les yeux gros de larmes généreuses, quand un homme qui a des prétentions tout comme un autre, et qui n'est ni meilleur ni pire qu'un autre, apporte à un mari une lettre comme celle que j'ai reçue de votre femme, il mérite bien au moins qu'on ne lui fasse pas l'injure de le soupçonner pour l'avenir.

— Je ne veux pas vous soupçonner, monsieur, dit Dutertre avec dignité, cette lettre est à vous, je vous la rends.

Et il lui tendit la lettre d'Olympe.

— Je n'en veux pas, dit Flavien avec brusquerie. Je ne me méfie certes pas de moi-même. Mais il y a des méchants et des sots en ce monde ; c'est à Thierray de garder cette preuve entre mille, de l'esprit, du bon goût, et de la véritable dignité de sa belle-mère.

— Elle n'a pas besoin de cette preuve, dit Dutertre en approchant la lettre de l'allumette enflammée que tenait Thierray, lequel s'était mis en mesure d'allumer son cigarre — et il brûla la lettre.— A présent, nous sommes quittes, ajouta-t-il en saluant de nouveau.

Et il disparut sous les chênes de la forêt.

— Si jamais on me prend à faire la cour à une honnête femme !... dit Flavien en reprenant avec Thierray la route de Mont-Revêche.

— N'es-tu donc pas satisfait ? dit

Thierray en souriant. Tu es venu ici pour faire mon mariage ; il est conclu. Tu voulais donner une réparation loyale et concluante à un homme d'honneur, tu l'as fait sans qu'il en coûtât une goutte de sang, et en recevant de lui-même une marque d'estime...

— Ou de dédain ! dit Flavien. Mais admettons que ce soit de l'estime, de la confiance, je n'en ai pas moins perdu la sympathie et l'amitié d'un des hommes vers qui je me sentais le plus porté. Je ne m'en suis pas moins fermé l'accès d'une famille qui va être la tienne et où j'aurais été heureux de te voir heureux ! Tout cela parce qu'on est un homme du monde, rempli des préjugés de l'amour-propre ; parce qu'on se croit forcé de répondre aux avances d'une femme, quand même on se doute qu'elles viennent d'une autre : parce qu'on se croirait déshonoré à ses yeux et aux siens propres, si on mettait un frein aux passions, à la langue, à l'imagination ! Mon Dieu, que la vanité de plaire est une sotte chose ! et qu'on est bien plus sage en achetant l'amour d'une femme qu'en tâchant de l'inspirer !

— C'est-à-dire qu'une nuée de Léonices va te consoler de ta mésaventure ? Fais mieux, crois-moi, marie-toi, Flavien. Choisis bien et tu ne seras plus tenté de voler le bonheur dans le nid des autres. C'est une leçon que je prends pour moi-même.

— Tu as peut-être raison, répondit Flavien, mais j'y regarderai à deux fois. Si j'allais tomber sur quelque Nathalie !

Qu'on juge de l'effroi de Dutertre quand il entra dans la chambre de sa femme et qu'il y trouva Nathalie et Blondeau, veillant cette espèce de morte qui ne parlait plus et comprenait à peine. Malgré l'humble attitude de la coupable qui vint à lui en suppliante, et qui s'efforçait de réparer par des soins tardifs, le mal qu'elle avait causé, Dutertre ne put s'empêcher de lui dire :

— Ah ! ma fille ! vous avez tué la plus

noble des femmes ! et si votre père ne vous maudit pas, c'est qu'il sait trop que le ciel s'en chargera !

Jamais Dutertre n'avait dit de telles paroles ; il n'avait jamais cru avoir à prononcer de tels arrêts dans sa famille. Nathalie en fut terrifiée et alla errer en gémissant dans le jardin. Elle revit la place où elle avait contemplé Flavien endormi. Elle comprenait que son père venait d'avoir une explication décisive qui bannissait pour jamais ce jeune homme de la famille. Elle voyait qu'en se vengeant de son indifférence, elle s'était pour jamais ôté à elle-même toute chance de lui plaire. Elle ignorait s'il ne l'avait pas devinée et s'il ne la maudissait pas. Elle pleura sa faute, forcée enfin d'en boire l'amertume et d'en subir les résultats. — Oui, oui, se dit-elle, on se tue soi-même à lutter ainsi contre tous ! Blondeau a raison ; si on n'est pas née bonne, c'est-à-dire faible, crédule et tendre, il faut au moins, pour ne pas succomber sous le blâme de ces faibles, agir comme ils font, plier, pardonner ou épargner. » Elle prit donc d'aussi bonnes résolutions qu'elle était susceptible de les concevoir, et elle les tint avec la persistance de volonté qui était en elle. Mais il était trop tard, sinon pour elle, du moins pour les autres.

Olympe ressuscita dans les bras de son mari agenouillé devant elle. Blondeau, jugeant que la joie était le meilleur remède aux maux produits par le chagrin, alla voir Éveline pour leur laisser la liberté de s'expliquer. Olympe recouvra la parole et la mémoire. Elle n'avait pas compris les derniers reproches de son mari. Elle ne savait pas qu'il eût pu être jaloux de Flavien ; son intelligence avait été comme paralysée à partir du moment où il l'avait *grondée* (c'était son expression) d'avoir gardé le secret d'Éveline. Dutertre remercia Dieu dans son âme de n'avoir pas été compris. Il rougissait d'avoir pu accuser un être si pur et si doux; il ne s'en consolait que par la pensée qu'elle n'avait pas senti la pire blessure, celle de l'outrage infligé par ses soupçons.

— Oh! qu'elle ne sache jamais, mon Dieu! disait-il en priant dans son âme comme un enfant, qu'elle ne sache jamais que j'ai été jaloux! Ce serait la fin de son amour et la fin de ma vie.

— Pourquoi donc me grondais-tu si fort? disait Olympe avec la naïveté de l'innocence. Est-ce parce que ma visite à Mont-Revêche pouvait être connue, mal interprétée, et faire mal parler de moi? Mon Dieu! il s'agissait d'empêcher que ces malheurs-là n'arrivassent à ta fille. Je t'avoue que je n'ai pensé à moi, et si j'y avais pensé, il me semble que j'aurais encore agi comme je l'ai fait ; car c'eût été mon devoir, à moi qui suis aimée de toi, à moi qui ne peux être soupçonnée par mon mari, et qui, du sein d'un si parfait bonheur, puis braver le monde entier, de me sacrifier à cette enfant qui n'a pas encore trouvé un appui semblable, et dont l'avenir dépendait en ce moment de mon dévoûment pour elle.

— Ange de candeur et de bonté ! disait Dutertre en couvrant ses bras de baisers, pardonne-moi je ne comprenais pas ! je croyais ma fille perdue, j'étais fou! Oui, oui, j'ai eu un véritable accès de folie, je t'ai effrayée, je n'en avais pas conscience. Mais j'ai vu Thierray : ma fille est pure, il l'aime, il l'épouse, et toi, je viens te remercier à genoux de me l'avoir ramenée au bercail, sur tes épaules, ma pauvre brebis errante; de me l'avoir sauvée, consolée, bénie dans sa douleur et relevée de sa confusion. Et que m'importe ce que dira de toi le monde? Sais-tu ce que je répondrais? « Ma femme a été là parce qu'elle a cru devoir y aller : je n'ai pas d'autre raison à en donner, et je ne lui en demanderai jamais d'autre. Il est des êtres trois fois saints qui ont le droit d'aller partout, fût-ce dans des repaires de vice, **parce** qu'ils n'y vont que pour faire le bien, et qu'aucune souillure ne peut les atteindre. » Cela vaut mieux, vois-tu, que de chercher des motifs. Nous n'en trouverions pas un qui fût à la hauteur de ton dévoûment, et la meilleure défense d'une femme, c'est le respect de son mari.

En parlant ainsi avec effusion, Dutertre s'accusait lui-même à dessein devant Dieu, et la réparation qu'il ne pouvait offrir à sa femme, il la présentait au ciel comme une expiation de sa faute.

Martel arriva au jour ; il avait, sur un billet très confidentiel de son confrère Blondeau, erré toute la nuit dans sa cariole pour empêcher un duel, ou tout au moins pour être à portée de soigner et de ramener les blessés. Il était fatigué et contrarié de cette mauvaise nuit, d'autant plus qu'il ne pouvait s'en prendre qu'à Blondeau qui, voyant tous ses malades tranquilles et tous ses morts bien vivants, avait été prendre quelques heures de repos. Martel fut mandé par Dutertre auprès d'Olympe, qui lui paraissait avoir la fièvre. Martel, bourru et appesanti, lui en trouva fort peu; et alla enfin se livrer aux douceurs du sommeil, en disant :

— Ça ne sera rien. Dormez. Demain, il n'y paraîtra plus.

Il le croyait.

Le lendemain, l'état d'Eveline n'inspirait plus la moindre appréhension. Flavien était reparti pour Paris. Thierray faisait de son mieux des rêves de bonheur. Nathalie, les yeux creusés par l'insomnie, belle comme un ange rebelle foudroyé, demandait pardon dans chaque regard, et s'empressait autour d'Olympe, comme une fille pieuse auprès de sa mère. Olympe s'était levée faible, mais pleine de sérénité, et le cœur ouvert à toutes les espérances de bonheur qui se réveillaient autour d'elle. Benjamine, qui voyait, sans chercher à le comprendre, le changement survenu dans les manières de sa sœur aînée, lui en témoignait indirectement sa joie et sa reconnaissance en lui prodiguant les plus ardentes caresses.

Dutertre croyait tout sauvé, tout réparé, mais Blondeau, en examinant les traits et en prenant le poignet d'Olympe dans ses doigts exercés, fronça légèrement le sourcil et dit :

— Ça va mieux, mais il faudra vous soigner, et ne pas avoir trop de journées comme celles d'hier.

Dutertre, inquiet de l'expression étonnée et rêveuse de Blondeau, l'emmena à part pour l'interroger.

— Je ne sais que vous dire, répondit Blondeau ; je trouve un étrange désordre dans la circulation du sang. C'est peut-être la suite inévitable des émotions d'hier ; mais je vous dis, monsieur Dutertre, qu'il ne faudrait pas risquer souvent des scènes violentes devant votre femme. C'est une organisation très ébranlée, assez mystérieuse, et qui ne lutterait pas victorieusement contre des chagrins prolongés.

— Mon Dieu ! que craignez-vous donc? s'écria Dutertre. Quels symptômes vous ont donc effrayé tout à l'heure ?

— Je vous dirai cela dans quelques jours, si, contre mon espérance, ces symptômes ne disparaissent pas.

On remarqua à Puy-Verdon, dès le jours suivants, que la manière d'être de madame Dutertre subissait un changement extraordinaire. Jusque-là, bienveillante avec une sorte de timidité, et habituellement taciturne, elle devint tout d'un coup expansive, sensible à l'excès, presque enthousiaste dans les témoignages de son affection.

Olympe avait travaillé quatre ans sous le regard haineux de Nathalie, et devant la fréquente méfiance d'Eveline, à renfermer ses émotions, à effacer sa personnalité, à se réduire autant que possible à l'état d'abstraction, pour n'exciter ni raillerie ni jalousie. La vive reconnaissance qu'Eveline lui témoignait, la conversion subite et miraculeuse de Nathalie, avaient si vivement touché Olympe, qu'elle s'abandonnait désormais, sans réserve, à son naturel. Ce naturel était tout l'opposé de l'attitude forcée qu'elle s'était faite depuis son mariage. Italienne, c'est-à-dire expansive et résolue ; artiste, c'est-à-dire enthousiaste et impressionnable, elle redevenait avec tous ce qu'elle avait été dans le secret de l'intimité avec son mari, avec Caroline et Amédée ; et encore n'avait-elle jamais été brillante avec ces deux derniers qu'en de rares et courts instants de calme et d'oubli. Car cette aversion qu'elle avait sentie s'étendre sur elle, d'autre part, l'avait accablée, à l'habitude, d'une insurmontable mélancolie. Cette femme choyée et adorée dans son enfance, portée en triomphe dans sa première jeunesse, née pour aimer et pour être aimée, n'avait pu supporter, sans un effort immense, sans une résignation surnaturelle, le milieu hostile où elle s'était trouvée transplantée par son mari. Les deux dernières années surtout, où Nathalie s'était transformée en une flèche empoisonnée, frappant sans relâche et pénétrant par tous les pores ; où Eveline s'était émancipée jusqu'à faire craindre des écarts de jeunesse dont Olympe portait devant le monde et devant son mari la responsabilité délicate, sans avoir l'autorité nécessaire pour les réprimer ; où le constant souci de cette femme infortunée avait été de cacher les torts dont elle était la victime, enfin toute cette lutte prolongée contre les élans parfois impétueux de sa fierté souffrante avait détruit en elle, à son insu, le principe de la vie. Le jour où son sort fut marqué, fut précisément celui où le violent orage domestique dont nous avons raconté les détails amena trop tard des résultats heureux. Olympe se crut sauvée. Elle sentit le besoin de vivre, de se manifester, de se dilater au soleil du bonheur comme une plante brisée relève la tête pour regarder le ciel et boire la rosée l'espace d'un dernier matin.

Elle avait caché ses talents supérieurs dès le jour où elle avait senti qu'elle excitait l'envie. A la prière de Nathalie et de son mari, elle les manifesta de nouveau dans toute leur puissance. Un jour, bien qu'elle eût dit depuis longtemps que sa voix s'était perdue dans l'inaction, et qu'elle l'eût cru elle-même, elle chanta. Cette voix puissante et merveilleuse, guidée par une science parfaite, cette inspiration sublime, remplirent l'atmosphère de Puy-Verdon de je ne sais quelle magie délicieuse et terrible dont tous les cœurs furent à la fois ravis et oppressés. Des larmes coulèrent involontairement de tous les yeux, même de ceux de Nathalie, qui crut entendre le chant du cygne égorgé par elle. Eveline, qui était toujours couchée sur un lit de repos, et qu'on transportait au salon avec le plus grand soin, prit involontairement la main de Thierray, qui regardait Olympe avec une étrange anxiété. Thierray se pencha vers sa fiancée et lui dit tout bas : Ceci me fait plus de mal que de bien. Je vous dirai pourquoi, et puissé-je me tromper !

Thierray, qui était excessivement nerveux et dont l'organisation exquise et un peu souffrante recevait toutes les impressions plus rapides que chez la plupart des hommes, quitta le salon et alla trouver Blondeau.

— Madame Dutertre est fort malade, lui dit-il. j'en suis sûr : je ne suis pas médecin, je ne sais rien, mais quand elle parle, j'ai froid, quand elle rit, j'ai peur, quand elle chante, j'étouffe. Sachez si je rêve.

— Madame Dutertre a une mauvaise pierre dans son sac, dit Blondeau avec une brutalité chagrine. Le diable s'en mêle. Elle va de mal en pis, et personne ne s'en doute. Je n'ose pas me prononcer, j'ai peur de tuer tout le monde ; je ne m'endors pas, je fais tout ce que je dois faire, mais je crains bien d'en être pour mes peines.

La tristesse de Blondeau en disait encore plus que ses paroles. Thierray, oppressé sous ce fatal secret, lui demandait chaque jour s'il était temps d'éclairer Dutertre.

— Pas encore ! disait Blondeau. On ne porte ces coups-là que quand on n'a plus du tout d'espérance.

Qui eût pu deviner, à moins d'une sorte de divination réelle, les progrès de la maladie d'Olympe ? Sa beauté avait pris un caractère de santé trompeuse.

Un peu de bouffissure simulait l'embonpoint sur ses joues, parfois une légère coloration lui donnait un éclat qu'elle n'avait jamais eu. Elle ne se plaignait jamais, elle cachait avec un soin extrême l'étouffement subit et les palpitations violentes qu'elle éprouvait, attribuant ces malaises terribles à des ressentiments passagers de la maladie nerveuse dont elle se croyait guérie. Elle avait horreur de se rappeler le souvenir de ce mal qui était lié à celui de ses chagrins. Vis-à-vis de sa propre conscience, se les retracer, c'eût été en révoquer le pardon.

Elle était bien guérie, en effet, du mal présent, mais elle était la proie d'un autre mal plus grave, auquel le premier l'avait prédisposée. Quand le déchirement s'opère dans les liens qui nous retiennent à la vie, il y a longtemps qu'ils sont usés en nous par une force insensible et lente, mais acharnée et impitoyable.

Un matin, Olympe ayant monté un escalier un peu plus vite que de coutume, tomba suffoquée sur la dernière marche ; un soir qu'elle chantait, elle s'interrompit en s'écriant, hors d'elle-même : De l'air, de l'air ! mes amis, j'étouffe, je meurs !

Les accidents devinrent peu à peu plus fréquents, plus prolongés. La fièvre lente s'établit, les forces déclinèrent rapidement ; un matin, Olympe ne put se lever et pleura de dépit contre elle-même, qui avait réussi à se vaincre jusqu'à ce moment. Ce jour-là Eveline, debout et guérie, Thierray, épris et rassuré, recevaient la bénédiction nuptiale dans la chapelle du château de Puy-Verdon. Olympe ne put y assister et pria pour eux avec ferveur.

Le lendemain, Dutertre, que l'inquiétude commençait à dévorer, arracha de la bouche de Blondeau et de Martel, réunis en consultation à deux autres médecins, ces paroles qui ménageaient la portée du coup fatal :

— Cela pourrait devenir assez grave.

Tout fait craindre un commencement d'anévrisme au cœur.

Les médecins s'étaient dit entre eux : « C'est une femme morte. Tout ce qui était indiqué par la science a été observé avec discernement par notre confrère Blondeau. Qu'il continue à adoucir les dernières luttes de la vie ; qu'il avertisse la famille avec ménagement. Il n'y a plus rien à tenter. »

Dutertre, qui ne s'était jamais endormi sur le danger, lut son arrêt dans les yeux humides de larmes du vieux Martel, qui encore plus, s'il est possible, que Blondeau, vénérait madame Dutertre et chérissait la famille. Dutertre fit des efforts sublimes pour ne pas troubler les joies d'un premier jour d'hyménée par le spectacle de son désespoir.

Eveline, facile à tromper, était toute à la joie enfantine de marcher, comme elle disait, sur la terre du bon Dieu, appuyée sur le bras de son mari. Elle était heureuse de ses toilettes splendides, de l'affection qui l'entourait, de la beauté nouvelle qu'elle avait acquise durant les semaines de son inaction. Sa première fraîcheur, longtemps dévorée par le hâle, avait refleuri. Ses nerfs, longtemps excités par des fatigues désordonnées, s'étaient détendus dans le repos. Le caractère s'en ressentait ; il s'était détendu aussi dans les douces assiduités, dans les soins tendres dont elle avait été l'objet. Rendue aux bons mouvements de sa nature, elle aimait tout le monde, elle adorait son mari, et se sentait même subjuguée par lui avec une sorte de plaisir tout nouveau pour elle.

Mais le soir Dutertre écrivait à son neveu :

« Reviens, mon fils. J'ai besoin de toi pour ne pas mourir avant *elle*. La maladie est incurable, je ne le vois que trop. Ce matin *elle* a demandé pourquoi tu n'étais pas là pour le mariage de ta sœur Eveline. Je lui ai promis qu'elle te verrait dans trois jours; elle s'en réjouit. Viens donc; je n'ai pas le droit de te priver de la dernière bénédiction d'une sainte. »

IX

IX

Les derniers jours d'Olympe approchèrent sans qu'elle les sentît venir. Dutertre avait donné sa démission de membre de la chambre des députés pour ne plus avoir à quitter Olympe. La pauvre femme était heureuse de se voir réunie pour toujours à l'homme qu'elle chérissait toujours avec idolâtrie. Elle ne vit pas venir sa fin. Une délicate, une savante sollicitude lui épargna les appréhensions sinistres de la mort. Elle s'endormit comme un jeune oiseau qui sent le froid et la faim dans son nid abandonné, qui murmure faiblement sa souffrance, mais qui ne sait pas qu'il va mourir.

Quelques heures auparavant elle avait dit à Amédée : « Mon cher enfant, je me sens bien faible. Je n'y comprends rien, car je suis si heureuse que je ne me sens pas malade. Il me semble que je pourrais me lever, marcher, courir : mais je n'ai pas seulement la force de lever un bras. Est-ce qu'on meurt de faiblesse ? Les médecins disent que non, et je ne le crois pas non plus. Cependant, si je venais à mourir, jure-moi que tu épouserais ma Benjamine, et que ni elle ni toi ne quitteriez jamais mon mari. »

Amédée l'avait juré. Dutertre lutta pendant près d'un an contre la tentation incessante et acharnée du suicide. Il avait tellement la conscience de son devoir de citoyen et de chef de famille, il payait son désespoir de si peu de complaisance, qu'il avait confessé à Amédée l'espèce de monomanie horrible dont il était obsédé, en le priant de ne jamais le laisser seul. Amédée, qui ressentait les mêmes tentations dans un morne silence, s'attacha à lui comme son ombre, afin de le préserver en se préservant lui-même. Un ange de patience et de douceur se plaçait souvent entre eux dans leur amère méditation. C'était la Benjamine. Inconsolable de la perte de celle qu'elle avait aimée comme sa propre mère, elle était la plus calme, la plus forte de la famille. Elle était si ingénieuse à consoler et à distraire les autres, qu'un jour Amédée dans une crise de chagrin violent, lui dit à voix basse, mais avec humeur : « Laisse-nous, Benjamine, ta gaîté nous fait mal ! »

Caroline ne répondit qu'en répétant

ces deux mots : « Ma gaîté! » Puis elle pâlit, trébucha, et sortit en se rattrapant aux meubles comme une personne ivre.

Amédée courut après elle, la soutint dans ses bras et lui demanda tendrement pardon de son injustice. Caroline fondit en larmes :

— Vous ne comprenez donc pas, dit-elle, que j'ai plus de chagrin que vous tous, parce que j'ai perdu plus qu'aucun de vous? Mon père a des devoirs pour le fortifier contre la douleur. Moi je n'en avais qu'un, c'était de donner du bonheur à cette pauvre femme qui n'en avait pas quand mon père était absent. Éveline est mariée et sera bientôt mère d'un petit enfant qu'elle aimera encore plus qu'elle n'aime son mari. Nathalie est instruite, spirituelle, ambitieuse. Toi, tu peux soulager mon père d'une partie de ses fatigues et de ses travaux. Qu'est-ce que je peux, moi? et qu'est-ce que je suis? Je ne suis ni artiste comme Éveline, ni savante comme Nathalie. Je n'aime pas le monde; je ne vois rien dans l'avenir qui me tente, rien dans le présent qui m'absorbe, depuis que ma pauvre mère n'est plus là pour accepter mes soins, mon amour, et me dire que je lui fais du bien. Oui, j'ai donné un peu de bonheur dans ma vie, j'en suis sûre! Elle le disait et je le sentais bien aussi! Et c'est déjà fini! A présent, je ne suis plus bonne à rien. Je ne peux pas suffire à mon père, je n'ai pas assez d'esprit pour le consoler. Elle ne m'en demandait pas, elle, elle m'aimait tant! oui, elle m'aimait encore plus que mon père ne m'aime, s'il est possible. Elle m'aimait comme pas un de vous ne m'aimera jamais. C'était ma sœur, parce qu'elle était jeune et simple; c'était ma mère, parce qu'elle était grande et sage. C'était ma fille aussi, parce qu'elle était faible de corps, malgré son courage, et que je la soignais comme un petit enfant. C'était tout pour moi, une amie, une parente, un modèle. Qu'y avait-il sur la terre d'aussi beau, d'aussi bon, d'aussi aimant qu'elle? Je n'étais pas seulement heureuse d'être sa fille chérie, j'en étais fière, j'en étais vaine! Et, à présent, de quoi pourrais-je tirer gloire? A qui pourrais-je être nécessaire? Ah! tu vois, Amédée, je suis gaie, bien gaie! j'ai bien sujet de l'être!

C'était la première fois de sa vie que Caroline parlait si longtemps et avec tant de feu. Amédée sentit tout à coup que cette bonne petite fille était tout simplement une grande âme, un caractère admirablement trempé, uni au cœur le plus tendre. Il la pressa contre son sein et pleura avec elle. Il pleura pour la première fois depuis la mort d'Olympe, et, depuis ce jour, il vit Caroline avec d'autres yeux. C'était elle, en effet, qui l'emportait sur tous par l'enthousiasme et le désintéressement de son amour pour la morte. Elle n'avait vécu que par elle, elle ne comprenait pas encore qu'elle pût vivre pour quelque autre.

CONCLUSION

Deux ans après la mort de madame Dutertre, Thierray était seul dans le salon de la chanoinesse. Il avait conservé ce manoir avec un soin religieux, et de Puy-Verdon qu'il habitait, il venait toutes les semaines faire une tournée d'inspection et une sorte de méditation à Mont-Revêche. Il y avait gardé sa table de travail : car, après avoir dit bonjour au pauvre Gervais, qui avait perdu sa femme, et qui, paralysé en partie, passait ses journées assis sur un vieux fauteuil de cuir, dans un coin de la cour; après avoir serré la main de Forget, dont il avait fait le gardien du manoir, et dont toutes les fonctions se bornaient à transporter le vieillard impotent d'un coin à l'autre et à brosser un vieil habit que Thierray lui avait laissé pour satisfaire son impérieux besoin de brosser quelque chose; après avoir rattaché les lierres et relevé les mauves pyramidales que l'orage avait brisées, Thierray s'installait une heure au salon, repassait le roman de sa vie et faisait quelques vers pour sa femme. Il avait composé là, à cent reprises différentes, tout un poëme d'amour, en mémoire de leurs premières amours, qu'il voulait lui donner quand il serait achevé.

C'était l'été; il faisait chaud, même dans le manoir de Mont-Revêche. Le calme solennel des bois environnants n'était troublé que par les cris aigus des martinets qui nichaient dans le donjon, et qui se disputaient dans les airs la proie destinée à leurs petits. Le perroquet et le paralytique, hébétés dans la cour par les bienfaisantes influences du soleil, gardaient côte à côte un morne silence. Un des beaux chiens d'Eveline, qui daignait partager désormais son affection entre elle et son mari et suivre ce dernier dans ses visites à Mont-Revêche, était couché sur les marches du salon dont la porte restait ouverte. Tout à coup le chien dressa l'oreille, gronda, aboya, et, un instant après, on sonna à la porte massive de Mont-Revêche. Forget alla ouvrir, et Thierray, que la manière dont la cloche avait été secouée reportait à de vagues souvenirs du passé, se leva involontairement pour aller regarder à la fenêtre. Flavien entrait dans la cour. Il s'élança au devant de lui.

— Ah! quel bonheur inespéré! s'écria-t-il. Est-ce toi? Depuis deux ans, pas un mot, pas une marque de souvenir! Peu s'en faut que je ne t'aie cru mort dans ce long voyage. Tu viens me voir, tu arrives d'Italie, n'est-ce pas? Tu vas rester quelques jours avec moi?

— Non pas avec toi précisément, dit Flavien en lui rendant son étreinte amicale (je n'ai pas le droit de me présenter à Puy-Verdon pour saluer ta femme), mais ici, où j'espère te voir de temps en temps, et elle aussi peut-être, car on m'a dit dans le pays qu'elle y venait quelquefois.

— Elle y viendra dès aujourd'hui, s'écria Thierray. Eveline te regarde comme son frère ; elle n'oubliera jamais ton zèle et ta discrétion dans la malheureuse circonstance...

— Ne parlons pas de cela, dit Flavien.

— Eh bien! sans doute, n'en parlons pas ; mais moi, j'y pense toujours ; car de ce jour-là date pour moi un bonheur qui eût été sans nuages, si le ciel ne nous eût enlevé notre ange gardien, notre libératrice, cette belle et noble femme...

— Ne parlons pas de cela! répéta Flavien, et une ombre passa sur son front toujours droit, pur et un peu étroit, siége de l'obstination, de la sincérité et de la bonté.—Parle-moi de toi, reprit-il.

— Oui, je le veux bien, dit Thierray; mais, avant tout, comme je veux que tu voies aujourd'hui ma femme et ma fille, je vais écrire deux lignes et expédier Forget à Puy Verdon. Nous resterons avec toi jusqu'au soir. Forget nous fera dîner ici tant bien que mal.

— Je désirerais, mon ami, que M. Dutertre ne sût pas officiellement mon arrivée. Mon nom seul doit lui rappeler des choses pénibles.... bien pénibles pour lui... et pour moi aussi!

— Sois tranquille, dit Thierray écrivant. Je recommande à Eveline de ne pas dire un mot de toi, et Forget, tu le sais, a la passion du silence.

Quand le billet fut parti, quand Flavien eut été serrer la main insensible du vieux Gervais et gratter l'occiput du perroquet, quand il eut remercié son ami des soins dont les deux vieillards étaient l'objet, il rentra avec lui dans le salon, toujours propre et conservé sans altération, avec tous ses colifichets et ses petites richesses du temps passé.

— Maintenant, causons, dit-il, je suis venu ici pour te parler de choses importantes qui me concernent; mais je te demande la permission de t'interroger auparavant.... Es-tu heureux, Thierray, vraiment heureux dans ton ménage, en dépit du chagrin mortel qui, je le sais, a rempli la famille d'un deuil à peine éclairci au bout de deux années? Dis-moi bien la vérité; j'y tiens essentiellement.

— J'entends, dit Thierray. Tu songes au mariage à ton tour, et tu veux savoir si l'homme le plus indépendant de la terre, le plus fantasque dans ses projets de bonheur, le plus éloigné du parti qu'il a pris en épousant, un peu malgré lui peut-être, une héritière fort gâtée; enfin, si ton ami Thierray, l'irrésolu, le difficile et le susceptible, est arrivé à préférer le présent au passé de sa vie. Je te répondrai en toute conscience : *oui*. Tu vois donc que tu peux affronter le péril!

— Cet enfant gâté, ce charmant enfant, la femme est donc devenu....

— Oh! pas tout à fait l'idéal que je demandais parfois à la destinée dans mes songes ambitieux. Il m'eût fallu une Caroline pour me faire la vie de chanoine que j'avais rêvée dans mon arrière-saison intellectuelle. Mais Caroline était alors une enfant, et, d'ailleurs, la fatalité était là qui m'a forcé de m'enterrer dans une autre fantaisie. Cette fantaisie est devenue une passion bon gré mal gré, et j'ai eu bien de la peine à en faire un véritable amour. Mais le ciel m'a protégé et Eveline m'a aidé. Oui, Eveline, c'est horrible à dire ! a bien fait de se casser un pied, et Dieu a bien fait pour la conversion des enfants gâtés de Dutertre, de rappeler à lui cette sainte femme, dont le monde n'était pas digne. La douleur, en venant visiter cette maison opulente et ces filles superbes, a converti en patience l'esprit de domination, en remords l'esprit de lutte, en douceur l'esprit de révolte. Le malheur est un rude maître. Dutertre, le noble, le désolé, le respectable Dutertre, l'homme de cœur et de bien par excellence, le sauveur des pauvres, l'ami des infortunés, l'orgueil de la famille, cloué sur la croix comme le Christ de la paternité, a offert un spectacle si déchirant à tous les yeux, que les plus aveugles se sont ouverts, les cœurs les plus endurcis se sont fondus, et Nathalie elle-même...

— Parle-moi d'Eveline, dit Flavien avec un peu de trouble ; d'Eveline d'abord.

— Oh ! je ne demande pas mieux ! répondit Thierray avec empressement. Foncièrement bonne et vraie, elle avait un travers capital. Elle s'imaginait que la vie est un bal, une partie de chasse, moins encore, une toilette, un temps de galop. Heureuse et triomphante, elle eût tout brisé sous ses jolis petits pieds ; triste et navrée, elle est devenue bonne tout à fait, bonne comme un ange! La résignation terrible de Dutertre et sa bonté inouïe ont fait ce miracle, auquel mon amour a peut-être un peu contribué aussi. Il n'a plus été question de fêtes et de voyages. Les habits de deuil ont fait rentrer les chiffons. Enfin la maternité est venue, et c'est là le grand sacrement, le second baptême pour une jeune femme. Imagine-toi que cette chère créature, qui est une vraie fée, a eu le talent de me donner une petite fille qui me ressemble à faire peur! mais on en est quitte pour la peur, car, en la regardant, on s'aperçoit qu'en dépit de cette ressemblance, de cette frêle enveloppe, de ce teint brun et de ces cheveux noirs et rebelles, c'est une petite merveille de grâce, de charme et de gentillesse. Tu vas la voir, cela marche et parle déjà comme un enfant de deux ans, bien qu'elle compte à peine treize lunes, comme disent les sauvages de Châteaubriand.

— Allons! je suis heureux d'entendre tout cela, dit Flavien; et l'autre fille de Dutertre..... la Benjamine, comme on l'appelait?

— La Benjamine, comme on l'appelle toujours, a épousé son cousin Amédée, il y a six mois. Ceux-là sont heureux. Regarde-les bien si tu veux voir le ciel sur la terre. Un ciel un peu voilé, car il y a encore des larmes dans ces yeux-là. Mais que de simplicité, que de dévoûment, que de vertus à la fois rigides et douces dans ces deux enfants ! Ils sont si parfaits, si beaux, vois-tu, que cela donne envie de leur ressembler.

— Oui, je savais qu'ils étaient mariés, qu'ils s'aimaient, dit Flavien. On m'a même dit que Caroline était singulièrement embellie.

— Embellie à un point extraordinaire, et, chose plus extraordinaire encore, mais qui te frappera si tu la vois, c'est qu'elle est arrivée à ressembler à notre pauvre Olympe.

— Comment expliques-tu cela ?

— Je pense qu'à force de penser à elle, elle est venue à bout de la ressusciter dans sa personne, comme elle la ressuscite dans son caractère. En grandissant, elle a pris, je ne sais comment, la souplesse, la démarche, la grâce de cette femme incomparable. Comme Olympe était son modèle en tout, son type, son idéal, les toilettes élégantes et simples de celle-ci ont servi et serviront, je crois, d'éternel modèle à celles qu'a inventées naïvement Caroline pour plaire à son mari et à son père. Sa prononciation, son accent, sont restés imprégnés de la musique des intonations d'Olympe. Et, après tout, qu'y a-t-il de si étonnant? Le corps n'est-il pas le très humble serviteur, le reflet de l'âme? N'est-ce pas une argile souple qui s'étend et se façonne sur notre désir, sur notre volonté, sur notre contention d'esprit! Ainsi, qu'une mère enfante un ange ou un monstre, selon que son imagination a été ravie ou terrifiée durant la gestation, le rêve incessant d'une forme chérie ou abhorrée ne peut-il nous transformer nous-mêmes en démons ou en divinités? Or, l'âme de Caroline s'est faite si semblable à celle d'Olympe, ses qualités, ses goûts, ses vertus, ses instincts sont tellement les mêmes, qu'on la retrouve en elle à chaque instant avec une douce surprise, et c'est un véritable bonheur pour Dutertre; c'est la plus réelle consolation, le plus effectif dédommagement que Dieu lui ait envoyé.

— Mais tu ne me parles pas, dit Flavien, d'un évènement assez grave dans la famille, et qui t'a atteint comme les autres ?

— Quoi? les malheurs matériels qui ont frappé Dutertre? la perte de sa fortune? ma foi! non, je n'y pensais pas. Tu savais donc cela? Eh bien! je dois te dire, à la louange de nous tous, que cela est arrivé dans un moment où aucun de nous n'était capable de s'en affecter, tant nous avions des sujets de douleur plus sérieux. Pour mon compte, Flavien, je te confesse que je m'en suis réjoui, autant que, dans ces tristes jours de deuil, je pouvais me réjouir de quelque chose. Cela me relevait à mes propres yeux de me sentir dépossédé du million de ma femme. Ce diable de million, je n'avais jamais pu en digérer l'expectative. Ce revenu, qui nous était assigné d'avance, dépassait tellement mes besoins, à moi qui avais rêvé six mille livres de rente comme le but de mes désirs et la récompense de mon travail, que je me suis trouvé encore trop riche le jour où Dutertre nous a dit : « Mes enfants, voilà notre fortune. Elle est réduite des trois quarts. Elle n'est plus que d'un million à partager en cinq parts égales. Celle des pauvres d'abord : c'est la part de Dieu! celle de mes trois filles, et la mienne ma vie durant. Nous étions riches : nous voici dans la médiocrité. Nous ne sommes plus les rois de la province : nous sommes encore des bourgeois fort aisés. Ne nous plaignons pas. Nous avons pu sauver notre honneur, notre fierté, notre indépendance. » Ce digne père! il était presque content d'être déchargé des devoirs énormes que lui créait sa richesse. Cette catastrophe l'a sauvé physiquement et forcément du désespoir. Obligé de liquider sa position pour remplir tous ses engagements avec la plus exquise délicatesse, il s'est ranimé et relevé sous le fardeau d'un devoir nouveau. Quant à nous, voici ce que, d'un commun accord, filles et gendres, nous avons décidé en conseil de famille : au lieu de prendre chacun notre part, de nous disperser et d'aller parcimonieusement placer sur l'Etat notre capital à cinq pour cent, pour avoir chacun quelque huit ou dix mille livres de rente, nous avons tout mis en commun dans les mains du père de famille, et nous lui avons laissé, avec l'aide d'Amédée, la gestion du fonds commun. Ainsi cette belle terre de Puy-Verdon n'a pas été démantelée. On a vendu les autres immeubles, mais celui-là reste intact. Le château, plein du souvenir d'Olympe, était une chose sacrée, ainsi que le parc où sa tombe a été bénie sous les saules de la cascade. Cette vaste demeure est d'un entretien assez coûteux, malgré la réduction du personnel des serviteurs. Mais en nous dispersant, chacun de nous aurait eu pour s'établir et pour se loger le double des frais que nécessite la conservation du nid commun. Crois bien, mon ami, que cette réduction de fortune, en nous forçant à l'économie et à la prudence, a été un grand bien pour

ma femme et pour moi, par conséquent.
Avec les chevaux anglais ont disparu les
courses effrénées : on n'a plus de maux
de nerfs. Les robes ne se comptent plus
par douzaines; on n'en déchire plus
dans des accès de colère. On ne pourrait avoir de riche appartement à Paris,
de loges au spectacle, d'équipages de
luxe; on ne peut plus aller déployer ses
grâces d'écuyère au bois de Boulogne,
ni ses diamants à l'Opéra. Tout ce que
je redoutais, tout ce qui me donnait
froid dans le dos le jour où, fort amoureux, mais fort inquiet, je contractai ce
mariage, s'est évanoui comme un mauvais rêve. J'ai à présent la joie et le petit

orgueil de travailler pour ajouter, à l'aisance que ma femme m'a donnée, un peu de luxe modeste qu'elle n'aurait pas sans moi. Va, tout est bien ainsi, et je suis fier de penser que j'élève une petite fille qui ne sera pas une riche héritière et qui ne sera pas obligée de se casser bras et jambes pour conquérir un mari pauvre.

— Oui, tout est bien! dit Flavien, mais tu ne m'as pas parlé de Nathalie.

Et Flavien regarda attentivement Thierray, inquiet et impatient de sa réponse.

— Pauvre Nathalie! dit Thierray; que Dieu lui pardonne comme nous avons tous été forcés de lui pardonner! Oui, elle nous y a forcés, mon ami! Soit repentir sincère, soit retour à la raison et à la vérité... et au fait, l'un ne va pas sans l'autre, elle a réparé ses fautes autant qu'il était en elle. Elle a soigné Olympe jusqu'au dernier jour avec un dévouement qui avait quelque chose de fiévreux, tant c'était assidu, humble, tenace. Je ne sais combien de nuits elle a passées à son chevet. Elle était infatigable! elle est de fer, elle est de bronze, cette fille étrange, pour le bien comme pour le mal. A défaut du cœur, elle a la volonté, et quand la logique de son esprit la ramène au devoir, elle ressemble à ces ascètes des anciens jours qui ne sentaient plus ni le jeûne, ni l'insomnie. Après la mort d'Olympe, en voyant le désespoir de son père, elle est tombée elle-même dans un désespoir profond. Elle s'était peut-être flattée dans son orgueil, orgueil bien placé, cette fois, de le dédommager par ses soins de la perte irréparable qu'il venait de faire. Dutertre a été sublime pour elle. Jamais un mot, un regard, un soupir de reproche ! mais aussi jamais un sourire d'espérance n'est venu éclairer son front, pendant une année entière ! La pauvre Nathalie n'avait sans doute pas prévu (les cœurs tendres seuls le devinent) qu'il est des douleurs incurables, des regrets éternels. Vraiment, elle n'avait pas compris le mal qu'elle faisait ! En voyant blanchir presque subitement les cheveux de son père, en remarquant les ravages que quelques mois firent sur cet homme si robuste et si magnifiquement organisé, jusqu'à lui donner l'aspect prématuré de la vieillesse, elle éprouva un tel effroi qu'elle tomba assez gravement malade à son tour. Elle eut des accès de fièvre où, pendant son délire, nous crûmes découvrir qu'une passion inassouvie et sans espoir, une passion plus noble que l'ambition de briller, plus douce que l'orgueil, se mêlait à ses remords : mais le nom qui s'échappa de ses lèvres, je ne puis te le répéter, Flavien. Ce secret trahi par le délire, nous ne pouvons le dire à personne.

— Eh bien ! je le sais, moi, dit Flavien visiblement ému, ce nom, c'était le mien !

— Comment sais-tu cela, mon Dieu ?

— N'importe ! continue. Je tiens beaucoup à recueillir ces détails de ta bouche.

— Eh bien ! j'achève. Nathalie, remise de son transport, tomba dans un état de langueur qui nous effraya. Son père la supplia de se distraire et la confia à sa sœur, mademoiselle Elisa Dutertre, qui la conduisit en Italie. Elle y a passé six mois, et nous est revenue en bonne santé, fort belle, mais toujours triste et sombre. Elle se conduit, du reste, admirablement avec nous. Elle est pleine d'égards, de soins pour tous, de désintéressement et de noblesse dans tous ses procédés. Il semble, à l'initiative empressée qu'elle prend dans toutes les bonnes actions que propose son père, dans les sacrifices personnels qu'elle s'impose pour les seconder, dans les sentiments religieux qu'elle médite plutôt qu'elle ne les exprime, dans le progrès même de son talent, qui s'est illuminé de grands élans pathétiques, et dont elle ne fait plus ni montre, ni mystère, qu'elle ait, non-seulement entrepris une grande expiation, mais qu'encore elle ait réussi à vaincre le démon qui était en elle. Je ne peux pas te dire d'elle comme d'Eveline : « Elle est bonne ; » mais je peux te dire : » Elle a de la grandeur ! » Va, on n'est pas impunément la fille d'un homme comme Dutertre. Quand on ne peut pas résumer toutes ses vertus comme Caroline, on a encore, comme les deux autres, une face séduisante ou solide de son caractère... Mais comme tu m'écoutes, Flavien !... que vas-tu donc me dire ? Allons ! ne me fais pas languir plus longtemps.

— Thierray, dit Flavien, Nathalie ne vous a donc jamais dit que je l'avais rencontrée en Italie l'année dernière ?

— Jamais !

— Eh bien ! je me suis trouvé à Rome, à Naples, à Florence, à Venise en même temps qu'elle, et nous nous sommes beaucoup vus pendant quatre mois.

— Tu la suivais donc ? dit Thierray frappé de surprise.

— Oui ; d'abord pour la tourmenter, la châtier et me venger d'elle, car elle m'avait fait bien du mal, à moi aussi ! — Ensuite..... mais n'anticipons point. Quand tu m'écrivis la maladie de madame Dutertre, les circonstances de sa mort, le désespoir de son mari, la désolation de la famille, je compris fort bien, malgré tous tes soins pour écarter cette pensée, que j'étais la cause première de cet épouvantable malheur. Oui, c'est mon absurde enthousiasme pour cette femme, c'est la confidence insensée que je t'en fis dans ma lettre, c'est la fatuité que j'eus de croire à ses avances mystérieuses et de prendre son air malade, son accablement physique, pour des symptômes de faiblesse morale, qui rendirent Dutertre jaloux au point de calomnier un instant dans sa pensée la visite de sa femme ici, et de vouloir se battre avec moi le soir même. Dutertre est trop passionné pour qu'un orage n'ait pas éclaté ce jour-là sur la tête de la pauvre Olympe. C'est cet orage, c'est donc ma lettre, c'est donc moi qui l'ai tuée ! Je ne m'en consolerai, je ne me le pardonnerai jamais. J'ai voyagé pour m'en distraire, je ne m'en suis pas distrait.

« Un jour que, plongé précisément dans ces souvenirs d'amertume, j'errais sur le Vésuve, je me trouvai face à face avec Nathalie. J'éprouvai contre elle un mouvement de haine et de ressentiment insurmontable. Je voyais en elle l'assassin qui avait saisi l'arme dans ma main imprudente pour la plonger dans le cœur de son père et de l'autre victime. Je l'abordai ; je la suivis ; je l'accablai de sarcasmes cruels, féroces, que les personnes qui l'accompagnaient ne pouvaient comprendre, mais qui pénétraient jusqu'au fond de son âme. Elle fut impassible de douceur et de patience.

« Je m'attachai à ses pas; je la retrouvais dans toutes ses promenades. Triste et vêtue de deuil, ne paraissant jamais dans le monde, belle d'une beauté qui m'irritait, et que je regardais comme une erreur de la Providence, elle inspirait beaucoup de respect et d'intérêt. J'en étais outré; mais, par considération pour Dutertre, dont le nom m'est devenu sacré, je m'abstenais de parler d'elle. Je m'en dédommageais dans nos rencontres. Je trouvais des prétextes pour la voir, afin de lui faire sentir, à elle seule, mon aversion et mon ressentiment. Sa patience usa ma cruauté, et, un jour où je me trouvai seul avec elle, elle ouvrit son cœur oppressé et me raconta sa vie avec une éloquence, une vérité, une puissance d'humilité qui me subjuguèrent. Elle ne craignit pas de me dire son inclination pour moi, et elle le fit avec une dignité si étrange au milieu de l'humiliation à laquelle je la voyais se condamner, qu'elle devint à mes yeux un problème des plus excitants pour mon esprit... le dirai-je? pour mon cœur. Oui, après trois mois de l'atroce supplice que je lui infligeais en répondant à son amour par tous les témoignages de la haine, je me sentis fatigué, honteux, vaincu. Cette femme était tout l'opposé du type de faiblesse que j'aime; car elle restait forte comme un lion dans son abaissement volontaire. Eh bien! ce caractère me pénétra par sa nouveauté, par sa bizarrerie. Il donnait une vaste carrière à mon orgueil, à mon despotisme, il en flattait les besoins, jusqu'alors inassouvis; car, s'il est doux de posséder la douceur qui s'abandonne, il est beau de gouverner la force qui se livre.

« Enfin, par une réaction que j'aurais

dû prévoir d'avance, tant elle est naturelle, j'eus des remords, de la pitié, du respect, de l'amour pour Nathalie. Je l'aimai beaucoup, mais sans jamais le lui dire. Je ne voulais être que son ami.

« Au moment où elle repartit pour la France et le Nivernais, je fus cependant violemment tenté de me jeter à ses pieds et de lui demander pardon. Je résistai ; mais je crois qu'elle vit mon trouble et que, depuis ce jour-là, elle a espéré, elle a attendu.

« J'essayai de l'oublier, je ne l'oubliai pas. J'appris la perte que Dutertre avait faite de sa fortune ; dès lors, mon parti fut pris. Je lui avais fait tant de mal, à lui! Je lui devais au moins un nom sans tache et une fortune sans péril pour celle de ses filles qui était difficile, peut-être impossible à marier. J'ai attendu que la conversion sincère et durable de Nathalie me fût attestée par le temps. Je viens d'en recevoir de toi l'assurance, et, comme autrefois je m'étais voulu charger de demander pour toi à Dutertre la main d'Eveline, je te charge aujourd'hui de le pressentir, à l'effet d'obtenir pour moi la main de Nathalie.

— C'est Eveline, c'est Amédée et sa femme qui s'en chargeront avec moi, s'écria Thierray, car ma femme te doit de la reconnaissance, et nous devons tous du bonheur à Nathalie. Elle a expié, car elle a beaucoup souffert, et je sais qu'elle t'aime avec passion. Je sais qu'elle n'espère plus, qu'elle est désolée, et qu'elle est restée pieusement résignée à son sort. Ceci est la dernière épreuve. Crois en elle, Flavien, crois à l'avenir, c'est la fille de Dutertre !

Dutertre ne fut pas surpris de l'offre de Flavien. Nathalie, muette avec tous les autres sur sa rencontre en Italie avec ce jeune homme, avait ouvert son cœur et confessé sa souffrance à son père. Dutertre sentit ce qu'il y avait de généreux envers lui dans ce besoin que Flavien éprouvait de ramener un peu de joie dans sa famille. Il agréa sa demande.

Nathalie voulut habiter Mont-Revêche dans les premiers temps de son mariage, sans en chasser sa sœur et Thierray qu'elle y reçut avec une constante aménité. La tristesse de cette demeure semblait s'harmoniser avec le caractère grave et pensif de sa beauté.

Elle a paru dans le monde avec son mari, mais sans se montrer enivrée des succès que son attitude royale et son intelligence sérieuse lui ont valu. Elle a facilement engagé son mari à passer la moitié de l'année avec elle, tantôt à Puy-Verdon, tantôt à Mont-Revêche, où elle se plaît particulièrement et où elle soigne très charitablement le vieux serviteur et le vieux perroquet de la chanoinesse. S conduite est exemplaire et sa soumission à son mari tient du parti pris. C'est une grande preuve de son jugement, car Flavien, le plus doux et le meilleur des hommes, a toujours la passion de se croire le maître, et pourvu que sa femme le lui persuade, elle est certaine de le dominer toujours.

Cependant elle n'abuse point de son empire, et sait rendre heureux un caractère hardi, entreprenant et faible dont elle connaît toutes les qualités et toutes les défaillances. Moins heureuse que ses sœurs, elle n'a pas d'enfant. Cette stérilité l'afflige et l'humilie au fond du cœur, mais elle sait se la faire pardonner par l'humilité austère avec laquelle elle sait dire à son mari : « Dieu n'a pas béni mes entrailles. Je ne le méritais pas. En me donnant votre amour, il fallait bien un châtiment pour mon passé. Autrement, à force d'être miséricordieux, le ciel aurait cessé d'être juste !

Amédée chérit sa femme. Il trouve qu'elle ressemble à Olympe, mais parfois il pense qu'elle est plus belle encore.

Dutertre a repris ses forces, mais, au

lieu d'avoir comme à quarante ans l'air d'un homme de trente, il a l'air d'en avoir dix de plus que son âge. Il est le chef adoré d'une famille superbe. Son front, resté pur de rides, est le siége d'une sérénité divine, mais son regard est celui d'un martyr qui subit la torture de la vie. Chaque jour il va regarder en silence la tombe de sa femme ; mais Benjamine, qui l'épie, a soin qu'il y trouve un de ses beaux enfants couché dans les fleurs, ou elle-même agenouillée sous les saules.

FIN.

Imp. de E. Dépée, à Sceaux (Seine).

EN VENTE A LA MÊME LIBRAIRIE :

FABIO
PAR PIERRE DE LANCY. — 3 volumes.

LE COUREUR DES BOIS
PAR GABRIEL FERRY. — 4 volumes.

LA MARQUISE D'ALFI
PAR EUGÈNE SUE. — 2 volumes.

GILBERT ET GILBERTE
PAR EUGÈNE SUE. — 7 volumes.

LE VEAU D'OR
PAR F. SOULIÉ, continué par LÉO LESPÈS. — 10 volumes.

LA MARQUISE DE BELVERANO
PAR LÉON GOZLAN. — 2 volumes.

LE CHEVALIER D'ESTAGNOL
PAR LE MARQUIS DE FOUDRAS. — 6 volumes.

IL FAUT QUE JEUNESSE SE PASSE
PAR ALEXANDRE DE LAVERGNE. — 3 volumes.

LAQUELLE DES DEUX
PAR MAXIMILIEN PERRIN. — 2 volumes.

LA COMTESSE DE CHARNY

PAR ALEXANDRE DUMAS. — 12 volumes.

Suite d'*Ange Pitou* et complément des *Mémoires d'un Médecin*.
(Cet Ouvrage n'a pas paru en feuilletons.)

—

GEORGES III

PAR LÉON GOZLAN. — 3 volumes.

—

LES PRINCES D'ÉBÈNE

PAR G. DE LA LANDELLE. — 5 volumes.

—

LES OISEAUX DE NUIT

PAR X. DE MONTÉPIN. — 5 volumes

—

LES DRAMES DE LA MER

PAR ALEXANDRE DUMAS. — 2 volumes.

—

FALKAR LE ROUGE

PAR G. DE LA LANDELLE. — 5 volumes.

—

SUZANNE D'ESTOUVILLE

PAR LE MARQUIS DE FOUDRAS. — 2 vol. in-18.

—

LE CHEVALIER DE PAMPELONNE

PAR A. DE GONDRECOURT. — 5 volumes.

—

FAUSTINE ET SYDONIE

PAR MADAME CHARLES REYBAUD. — 3 volumes.

OUVRAGES DE FONDS.

	in-8.
Le Loup noir, par XAVIER DE MONTÉPIN	2 vol.
Une Haine à bord, par G. DE LA LANDELLE	2 vol.
Hélène, par madame CHARLES REYBAUD	2 vol.
Aventures de Saturnin Fichet (tomes 7, 8, 9 et derniers)	3 vol.
La Tache de Sang, par le vicomte D'ABLINCOURT (t. 3, 4, 5 et derniers)	3 vol.
Les Belles de Nuit, par PAUL FÉVAL	8 vol.
Tristan le Roux, par ALEXANDRE DUMAS FILS	3 vol.
Les Enfants de l'Amour, par EUGÈNE SUE	4 vol.
Un Capitaine de Beauvoisis, par le marquis DE FOUDRAS	4 vol.
Un Ami diabolique, par A. DE GONDRECOURT	3 vol.
Brelan de Dames, par XAVIER DE MONTÉPIN	4 vol.
Le Roman d'une Femme, par ALEXANDRE DUMAS FILS	4 vol.
Jacques de Branciou, par le marquis DE FOUDRAS	5 vol.
Le Mari Confident, par madame SOPHIE GAY	2 vol.
Les Amours d'un Fou, par XAVIER DE MONTÉPIN	4 vol.
Les Officiers du Roi, par JULES DE SAINT-FÉLIX	2 vol.
Les deux Trahisons, par AUGUSTE MAQUET	2 vol.
Lord Algernon, par le marquis DE FOUDRAS	4 vol.
Madame de Miremont, par LE MÊME	2 vol.
La Comtesse Alvinzi, par LE MÊME	2 vol.
Les Gentilshommes chasseurs, par LE MÊME	2 vol.
Les Chevaliers du Lausquenet, par DE FOUDRAS et X. DE MONTÉPIN	10 vol.
Les Viveurs d'autrefois, par LES MÊMES	4 vol.
Les Péchés Mignons, par A. DE GONDRECOURT	8 vol.
Confessions d'un Bohême, par XAVIER DE MONTÉPIN	5 vol.
Pivoine, par LE MÊME	2 vol.
La dame aux Camélias, par A. DUMAS FILS	6 vol.
Le Légataire, par A. DE GONDRECOURT	2 vol.
Médine, par LE MÊME	2 vol.
La Marquise de Gandeuil, par LE MÊME	2 vol.
Le dernier Kerven, par LE MÊME	2 vol.
Les sept Péchés Capitaux, par EUGÈNE SUE	20 vol.
Les Aventures de quatre Femmes, par A. DUMAS FILS	6 vol.
Le Docteur Servans, par LE MÊME	2 vol.
Césarine, par LE MÊME	1 vol.
Les Iles de Glace, par G. DE LA LANDELLE	2 vol.
Piquillo Alliaga, par EUGÈNE SCRIBE	11 vol.
Les vrais Mystères de Paris, par VIDOCQ	7 vol.
La Régence, par ALEXANDRE DUMAS	2 vol.
Louis Quinze, par LE MÊME	5 vol.
Louis Seize, par LE MÊME	6 vol.
Les Mille et Un Fantômes, par LE MÊME	2 vol.
Les Mariages du Père Olifus, par LE MÊME	5 vol.
La Femme au Collier de Velours, par LE MÊME	2 vol.
La Comtesse de Salisbury, par LE MÊME	6 vol.
Le Collier de la Reine, par LE MÊME	11 vol.
Mémoires d'un Médecin, par LE MÊME	19 vol.
Les Quarante-Cinq, par LE MÊME	10 vol.
Les deux Diane, par LE MÊME	10 vol.
Le Bâtard de Mauléon, par LE MÊME	9 vol.
La Fille du Régent, par LE MÊME	4 vol.
Le Chevalier de Maison-Rouge, par LE MÊME	6 vol.

Imprimerie de E. Dépée, à Sceaux (Seine).

EN VENTE

LA COMTESSE DE CHARNY, (suite d'Ange Pitou) Par A. DUMAS, 12 volumes.

AVENTURES DU CHEVALIER DE PAMPELONNE, Par A. DE GONDRECOURT, 5 vol.

LE VEAU D'OR, Par FRÉDÉRIC SOULIÉ, 8 volumes.
Cet ouvrage n'a pas paru en feuilleton.

TALBAB LE ROUGE, Par G. DE LA LANDELLE, 5 volumes.

IL FAUT QUE JEUNESSE SE PASSE, Par ALEXANDRE DE LAVERGNE, 3 volumes

LA TOUR DE DAGO, Par A. DE GONDRECOURT, 5 volumes.

LES OISEAUX DE NUIT, Par XAVIER DE MONTÉPIN, 5 volumes.

LAQUELLE DES DEUX, Par MAXIMILIEN PERRIN, 2 volumes.

LE CHEVALIER D'ESTAGNOL, Par LE MARQUIS DE FOUDRAS, 6 volumes.

Imp. de E. Dépée à Sceaux.

www.ingramcontent.com/pod-product-compliance
Lightning Source LLC
Chambersburg PA
CBHW050310170426
43202CB00011B/1846